# VISITAS AL
# SANTÍSIMO
# SACRAMENTO
## Y A MARÍA SANTÍSIMA
### PARA CADA DÍA DEL MES

*Visitas al Santísimo Sacramento
y a María Santísima para cada día del mes*
Autor: San Alfonso María de Ligorio (1696-1787)
Título original: Visita al SS. Sacramento ed a Maria
Santissima per ciascun giorno del mese
(Visits to the most holy Sacrament and to the
blessed Virgin for every day in the month)
Traducido de los textos
de la edición italiana de 1880.
Esta obra, en su redacción e idioma original,
pertenece al dominio público
© De esta nueva traducción:
Pedro Mendizábal Cortés
Colección: Yo Soy el Camino, la Verdad y la Vida
Toledo. Junio de 2023
ISBN: 9798398531374

# PRESENTACIÓN

Esta obra no sólo ha sido uno de los clásicos católicos más populares y difundidos de la historia de la espiritualidad, sino que también ha sido uno de los que han hecho un mayor bien al Pueblo Santo de Dios, a todo él, mas allá de la edad, del nivel cultural, o del propio nivel de progreso en la Vida Interior; por la sencillez y el fervor con el que San Alfonso lo escribió, por su carácter práctico, por su esfuerzo por facilitarnos a salir de la monotonía en nuestra costumbre de visitar a Nuestro Señor en el Sagrario, e incluso por su manejabilidad, algo que fue determinante para la decisión final de que esta edición fuera de bolsillo, a pesar de contar con contenido suficiente para haber justificado un tamaño de impresión mayor.

Tampoco hemos querido que faltasen las dedicatorias de San Alfonso, así como sus introducciones completas y las Visitas a María Santísima, cuya imagen solemos tener siempre cerca del Sagrario, en el que su Hijo permanece vivo, oculto y presente, esperando ser nuestro alivio en el cansancio.

*Pedro Mendizábal Cortés.*

# ÍNDICE

A MARÍA, LA SIEMPRE VIRGEN INMACULADA MADRE DE DIOS. Pg.5

AL LECTOR. Pg.6.

INTRODUCCIÓN. Pg.7.
I. La Visita al Santísimo Sacramento. Pg.7.
II. La Visita a la Santísima Virgen. Pg.15.
III. La Comunión Espiritual. Pg.18.

MODO DE HACER LAS VISITAS. Pg.21.
I. Actos que deben hacerse antes de cada Visita al Santísimo Sacramento. Pg.21.
II. Acto de Comunión Espiritual. Pg.22.
III. Visita A La Santísima Virgen. Pg.23.

VISITAS AL SANTÍSIMO SACRAMENTO Y A MARÍA SANTÍSIMA. Pg.25.

Visita I. Pg.25.
Visita II. Pg.28.
Visita III. Pg.31.
Visita IV. Pg.33.
Visita V. Pg.35.
Visita VI. Pg.37
Visita VII. Pg.39.
Visita VIII. Pg.42.
Visita IX. Pg.44.
Visita X. Pg.46.
Visita XI. Pg.49.
Visita XII. Pg.52.
Visita XIII. Pg.54.
Visita XIV. Pg.56.
Visita XV. Pg.59.
Visita XVI. Pg.61.
Visita XVII. Pg.63.
Visita XVIII. Pg.66.
Visita XIX. Pg.68.
Visita XX. Pg.71.
Visita XXI. Pg.74.
Visita XXII. Pg.77.
Visita XXIII. Pg.79.
Visita XXIV. Pg.82.
Visita XXV. Pg.85.
Visita XXVI. Pg.89.
Visita XXVII. Pg.92.
Visita XXVIII. Pg.95.
Visita XXIX. Pg.98.
Visita XXX. Pg.101.
Visita XXXI. Pg.104.

# A MARÍA, LA SIEMPRE VIRGEN INMACULADA MADRE DE DIOS

Mi santísima Reina, en el momento de publicar este pequeño librito que trata sobre el amor a tu Hijo, no sé a quién podría dedicarlo mejor que a ti, mi queridísima Madre, que de todas las criaturas eres su más tierno amante. Creo que con esta pequeña ofrenda que te presento, y que está compuesta con el único fin de inflamar más y más las almas con el amor de Jesucristo, -creo, digo, que con ella te complaceré mucho, a ti, que deseas verle amado por todos como se merece. A ti, pues, te la entrego tal como es; acógela y protégela; no para que yo reciba las alabanzas de los hombres, sino para que todos los que la lean correspondan en el futuro, con su mayor devoción y afecto, al tierno y desmedido amor que nuestro dulcísimo Salvador ha tenido a bien manifestarnos en su Pasión y en la institución del Santísimo Sacramento. Como tal, lo pongo a tus pies, y te suplico que aceptes el don como enteramente tuyo, como también el dador, que desde hace mucho tiempo ha puesto todas sus esperanzas en ti, y desea y espera de todas las maneras llamarse a sí mismo, y alegrarse de ser, Señora graciosísima:

*Tu muy amoroso,
aunque muy indigno siervo.*

## AL LECTOR

Confío, mi querido lector, en que no despreciará este pequeño libro, aunque esté escrito con la mayor sencillez. Lo he compuesto en un estilo muy simple, porque creo que así es más probable que promueva la devoción entre todo tipo de personas. Te ruego también que, vivo o muerto, me recomiendes al Santísimo Sacramento cada vez que lo uses; por mi parte, prometo rezar por todos los que me hagan este acto de caridad, cada vez que ofrezca el Santísimo Sacrificio.

# INTRODUCCIÓN

## I. La Visita al Santísimo Sacramento.

Nuestra santa fe nos enseña, teniendo así nosotros obligación de creer, que Jesucristo está realmente presente en la Hostia consagrada bajo la especie del pan. Pero debemos comprender también que está así presente en nuestros altares como en un trono de amor y de misericordia, para dispensar gracias y mostrarnos allí el amor que nos tiene, complaciéndose en habitar noche y día oculto en medio de nosotros.

Es bien sabido que la Santa Iglesia instituyó la festividad del Corpus Christi con una octava solemne, y que la celebra con las muchas procesiones acostumbradas, y con exposiciones muy frecuentes de este Santísimo Sacramento, para que de este modo los hombres se sientan movidos a reconocer y honrar con gratitud esta amorosa presencia y morada de Jesucristo en el Sacramento del Altar, con sus votos, acciones de gracias y el tierno afecto de sus almas. ¡Oh Dios, cuántos insultos y ultrajes no ha tenido este amable Redentor, y tiene cada día, que soportar en este sacramento por parte de aquellos mismos hombres por cuyo amor permanece sobre sus altares en la tierra! De esto, en efecto, se quejó a su querida sierva Sor Margarita Alacoque, como cuenta la autora del Libro de la devoción al Corazón de Jesús. Un día, mientras ella estaba en oración ante el Santísimo Sacramento, Jesús le mostró su corazón en un trono de llamas, coronado de espinas y coronado por una cruz, y así se dirigió a ella: "He aquí ese corazón que ha amado tanto a los hombres, y que no se ha ahorrado nada; que incluso ha llegado a consumirse, para mostrarles así su amor pero a cambio la mayor parte de los hombres sólo me manifiestan su gratitud, y esto por las irreverencias, tibiezas, sacrilegios y desprecios que me ofrecen en este sacramento de amor; y lo que más agudamente siento es que son corazones a mí consagrados". Jesús expresó entonces su deseo de que el primer viernes después de la octava del Corpus Christi fuera dedicado como una fiesta particular en honor de su adorable corazón; y que en ese día todas las almas que le amaran se esforzaran, por su honor, y por el afecto de sus almas, en reparar los insultos que los hombres le han ofrecido en este sacramento del Altar; y al mismo tiempo prometió abundantes gracias a todos los que así le honraran.

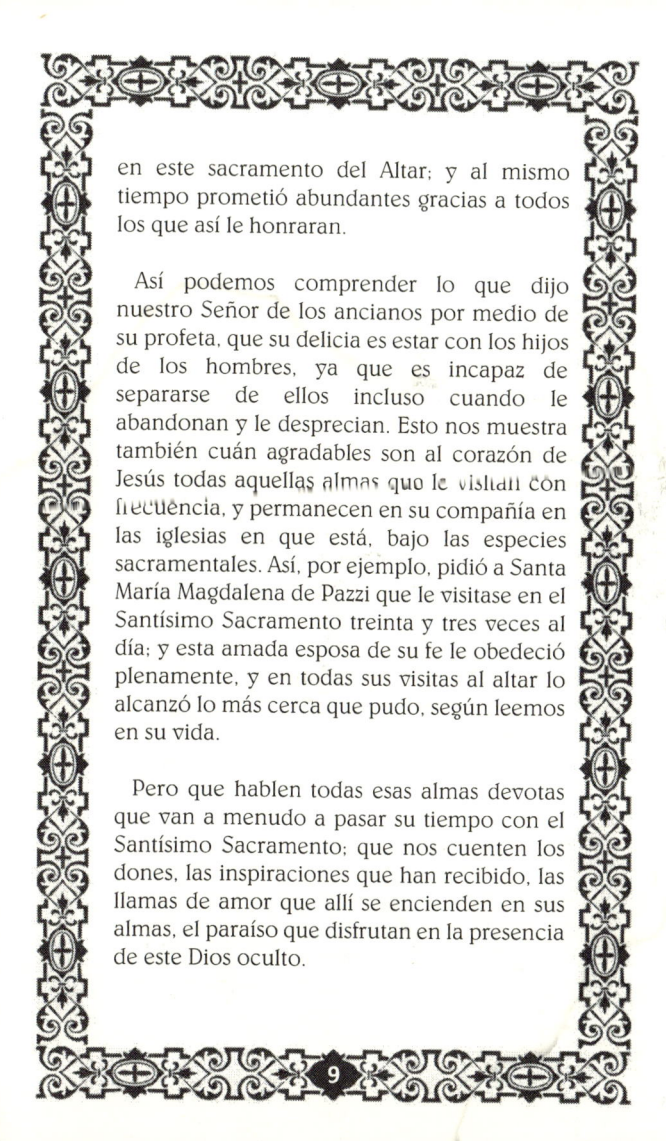

Así podemos comprender lo que dijo nuestro Señor de los ancianos por medio de su profeta, que su delicia es estar con los hijos de los hombres, ya que es incapaz de separarse de ellos incluso cuando le abandonan y le desprecian. Esto nos muestra también cuán agradables son al corazón de Jesús todas aquellas almas que le visitan con frecuencia, y permanecen en su compañía en las iglesias en que está, bajo las especies sacramentales. Así, por ejemplo, pidió a Santa María Magdalena de Pazzi que le visitase en el Santísimo Sacramento treinta y tres veces al día; y esta amada esposa de su fe le obedeció plenamente, y en todas sus visitas al altar lo alcanzó lo más cerca que pudo, según leemos en su vida.

Pero que hablen todas esas almas devotas que van a menudo a pasar su tiempo con el Santísimo Sacramento; que nos cuenten los dones, las inspiraciones que han recibido, las llamas de amor que allí se encienden en sus almas, el paraíso que disfrutan en la presencia de este Dios oculto.

El siervo de Dios y gran Padre misionero siciliano, Luis La Nusa, estaba, incluso en su juventud y como laico, tan enamorado de Jesucristo, que parecía incapaz de separarse de la presencia de su amado Señor. Tales eran las alegrías que allí experimentaba, que su director le ordenó, en virtud de la obediencia, que no permaneciera allí más de una hora. Transcurrido el tiempo, demostró al obedecer (dice el autor de su vida), que para arrancarse del seno de Jesucristo tenía que hacerse tanta violencia como un niño que tiene que separarse del pecho de su madre en el mismo momento en que se sacia con la mayor avidez; y cuando tuvo que hacerlo, se nos dice que permaneció de pie con los ojos fijos en el altar, haciendo repetidos clamores, como si no supiera cómo dejar a su Señor, cuya presencia le era tan dulce y graciosa. A San Luis también le estaba prohibido permanecer en presencia del Santísimo Sacramento; y cuando pasaba ante él, viéndose atraído, por así decirlo, por las dulces ataduras de su Señor, y casi obligado a permanecer allí, con el mayor esfuerzo se separaba, diciendo, con un exceso de tierno amor: ¡Apártate de mí, Señor, apártate! Allí fue también donde San Francisco Javier encontró refrigerio en medio de sus muchos trabajos en la India; porque empleaba sus días en trabajar por las almas, y sus noches en la presencia del Santísimo Sacramento. San Juan Francisco Regis hacía lo mismo; y a veces encontrando la iglesia cerrada, procuraba satisfacer sus ansias permaneciendo de rodillas fuera de la puerta, expuesto a la lluvia y al frío, para al menos a distancia poder asistir a su consuelo oculto bajo las especies sacramentales. San Francisco de Asís solía ir a confiar todos sus trabajos y empresas a Jesús Sacramentado. Pero más tierna fue la devoción de San Wenceslao, duque de Bohemia, al Santísimo Sacramento. Este santo rey estaba tan enamorado de Jesús allí presente, que no sólo recogía el trigo y las uvas, y hacía las hostias y el vino con sus propias manos, y luego los daba para ser usados en el Santo Sacrificio, sino que solía, incluso durante el invierno, ir por la noche a visitar la iglesia en la que se hallaba el Santísimo Sacramento. Estas visitas encendían en su hermosa alma tales llamas de amor divino, que su ardor se transmitía incluso a su cuerpo, y restaba de la nieve sobre la que caminaba su acostumbrado frío; pues se cuenta que el siervo que le acompañaba en estas excursiones nocturnas, al tener que caminar por la nieve, sufría mucho de frío. El rey santo, al darse cuenta de ello, se compadeció y le ordenó que le siguiera y que sólo pisara sus huellas; así lo hizo y nunca más sintió frío.

En las visitas leerás otros ejemplos del tierno afecto con que las almas inflamadas del amor de Dios amaban morar en presencia del Santísimo Sacramento. Pero encontraréis que todos los santos estaban enamorados de esta dulcísima devoción; pues, en efecto, es imposible encontrar en la tierra una joya más preciosa, o un tesoro más digno de todo nuestro amor, que Jesús en el Santísimo Sacramento. Ciertamente entre todas las devociones, después de la de recibir los sacramentos, la de adorar a Jesús Sacramentado ocupa el primer lugar, es la más agradable a Dios y la más útil para nosotros mismos. No te niegues, pues, alma devota, a comenzar esta devoción; y abandonando la conversación de los hombres, permanece cada día, desde ahora en adelante, por lo menos media hora o un cuarto de hora, en alguna iglesia, en presencia de Jesucristo bajo las especies sacramentales. Gustad y ved cuán dulce es el Señor. Solamente probad esta devoción, y por experiencia veréis el gran provecho que sacaréis de ella. Estad seguros de que el tiempo que así dediquéis con devoción ante este divinísimo Sacramento será el más provechoso para vosotros en la vida, y la fuente de vuestro mayor consuelo en la muerte y en la eternidad. Sabed, además, que en un cuarto de hora de oración que paséis en presencia del Santísimo Sacramento, quizá ganaréis más que en todos los demás ejercicios espirituales del día. Es verdad que, en todas partes, Dios escucha benignamente las súplicas de los que le rezan, habiéndolo prometido: Pedid y recibiréis; pero el discípulo nos dice que Jesús dispensa sus gracias en mayor abundancia a los que le visitan en el Santísimo Sacramento. El Beato Enrique Suso solía decir también que Jesucristo escucha las oraciones de los fieles con más gracia en el sacramento del altar que en cualquier otro lugar. ¿Y dónde, en efecto, hicieron las almas santas sus más bellos propósitos, sino postradas ante el Santísimo Sacramento? ¿Quién sabe si un día tú también, en presencia del Sagrario, tomarás la resolución de entregarte enteramente a Dios? En este pequeño libro me siento obligado, al menos por gratitud a mi Jesús Sacramentado, a declarar que por medio de esta devoción de visitar el Santísimo Sacramento, que practiqué, aunque con tanta tibieza y de un modo tan imperfecto, abandoné el mundo, en el que, por desgracia, viví hasta los veintiséis años. Afortunado serás, en verdad, si puedes desprenderte de él a una edad más temprana, y entregarte sin reservas a ese Señor que se ha entregado sin reservas a ti. Te repito que serás bienaventurado, no sólo en la eternidad, sino también en esta vida. Créeme, todo es locura: fiestas, teatros, placeres, diversiones... son los bienes del mundo, pero bienes llenos de amargura de hiel y de agudas espinas.

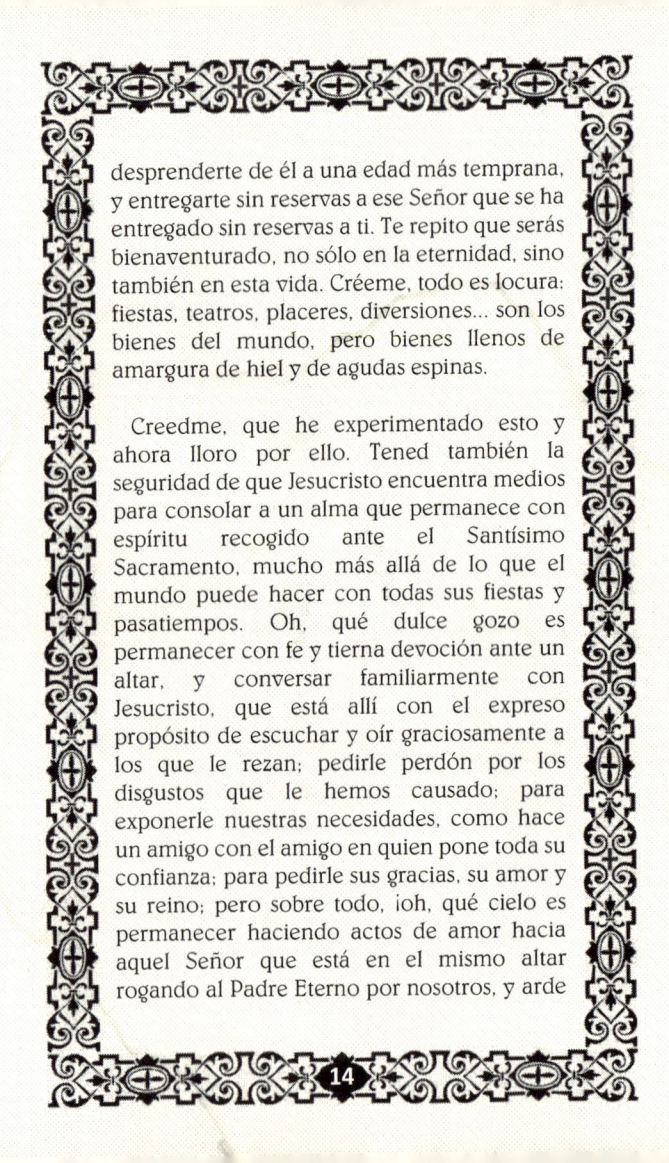

Creedme, que he experimentado esto y ahora lloro por ello. Tened también la seguridad de que Jesucristo encuentra medios para consolar a un alma que permanece con espíritu recogido ante el Santísimo Sacramento, mucho más allá de lo que el mundo puede hacer con todas sus fiestas y pasatiempos. Oh, qué dulce gozo es permanecer con fe y tierna devoción ante un altar, y conversar familiarmente con Jesucristo, que está allí con el expreso propósito de escuchar y oír graciosamente a los que le rezan; pedirle perdón por los disgustos que le hemos causado; para exponerle nuestras necesidades, como hace un amigo con el amigo en quien pone toda su confianza; para pedirle sus gracias, su amor y su reino; pero sobre todo, ¡oh, qué cielo es permanecer haciendo actos de amor hacia aquel Señor que está en el mismo altar rogando al Padre Eterno por nosotros, y arde de amor por nosotros! Ese amor es el que le retiene allí, oculto y anónimo, cuando incluso es despreciado por las almas ingratas. Pero, ¿por qué decir más? "Gustad y ved".

## II. La Visita a la Santísima Virgen.

En cuanto a las visitas a la Santísima Virgen, es conocida y generalmente aceptada la opinión de San Bernardo, según la cual Dios no dispensa las gracias más que por las manos de María: "Dios quiere que no recibamos nada que no pase por las manos de María" (In Vig. Nat. Dom. s. 3). De ahí que el Padre Suárez declare que el sentir de la Iglesia universal es que "la intercesión de María no sólo es útil, sino incluso necesaria para obtener las gracias" (De Inc. p. 2, q. 37, a. 4, d. 23). Y podemos observar que la Iglesia nos da fuertes fundamentos para esta creencia, aplicando las palabras de la Sagrada Escritura a María, y haciéndole decir: "En mí está toda esperanza de vida y de virtud" (Ecl 24:25). Venid a mí todos los que me deseáis, venid todos a mí; porque yo soy la esperanza de todo lo que podéis desear. De ahí que luego añada: Bienaventurado el hombre que me oye, y que vela cada día a mis puertas, y espera a los umbrales de mis puertas. Bienaventurado el que es diligente en venir cada día a la puerta de mi poderosa intercesión; porque hallará la vida y la salvación eterna encontrándome: El que me encuentre, encontrará la vida y tendrá la salvación del Señor... Por eso no es gratuito que la Santa Iglesia quiera que todos la llamemos nuestra común esperanza, saludándola y diciendo: "¡Salve, esperanza nuestra!".

"Busquemos las gracias, y busquémoslas por medio de María", dice San Bernardo, que llegó a llamar a María "todo el fundamento de su esperanza".5 De lo contrario, dice San Antonino, si pedimos las gracias sin su intercesión, nos esforzaremos por volar sin alas, y no obtendremos nada: "Quien pide sin Ella como guía, intenta volar sin alas" (P. 4, tit. 15, c. 22).

En el librito del padre Auriemma, "Affetti Scambievoli", leemos innumerables favores concedidos por la Madre de Dios a quienes practicaban esta provechosísima devoción de visitarla a menudo en sus iglesias o ante alguna imagen. Leemos de las gracias que concedió en estas visitas al Beato Alberto Magno, al Abad Ruperto, al Padre Suárez, especialmente cuando les obtuvo el don de entendimiento, por el que después llegaron a ser tan renombrados en toda la Iglesia por su gran erudición: las gracias que concedió al Venerable Juan Berchmans, de la Compañía de Jesús, que tenía la costumbre diaria de visitar a María en una capilla del colegio romano; declaró que renunciaba a todo amor terrenal, para no amar después de Dios más que a la Santísima Virgen, y había escrito a los pies de la imagen de su amada Señora: "No descansaré jamás hasta haber conseguido un tierno amor a mi Madre". Las gracias que Ella concedió a San Bernardino de Siena, quien también en su juventud iba todos los días a visitarla a una capilla cercana a la puerta de la ciudad, y declaraba que aquella Señora había extasiado su corazón. Por eso la llamaba su amada, y decía que no podía menos que visitarla a menudo; y por medio de ella obtuvo después la gracia de renunciar al mundo, y llegar a ser lo que después fue, un gran santo y el apóstol de Italia.

Cuida, pues, tú también de unir siempre a tu visita diaria al Santísimo Sacramento una visita a la santísima Virgen María en alguna iglesia, o al menos ante una devota imagen suya en tu propia casa. Si así lo haces con tierno afecto y confianza, puedes esperar recibir grandes cosas de esta graciosísima Señora, que, como dice San Andrés de Creta, siempre concede grandes dones a los que le ofrecen aunque sea el menor acto de homenaje.

*María, Reina de la más dulce esperanza,
¿quién podrá olvidarte?
Por tu misericordia, por tu amor,
ten piedad de mí, Reina.*

### III. La Comunión Espiritual.

Como en todas las visitas siguientes al Santísimo Sacramento se recomienda la Comunión espiritual, conviene explicar en qué consiste y las grandes ventajas que se derivan de su práctica. La Comunión espiritual, según Santo Tomás, consiste en el deseo ardiente de recibir a Jesús Sacramentado y en abrazarlo amorosamente como si lo hubiéramos recibido (P. 3, q. 80, a. i).

Cuán gratas son a Dios estas Comuniones espirituales y cuántas gracias concede por su medio, lo manifestó el mismo Señor a Sor Paula Maresca, fundadora del convento de Santa Catalina de Siena en Nápoles, cuando (según se cuenta en su vida) le mostró dos vasos preciosos, uno de oro y otro de plata. Entonces le dijo que en el vaso de oro conservaba sus Comuniones sacramentales, y en el de plata sus Comuniones espirituales.

También le dijo a la Beata Juana de la Cruz que cada vez que comulgaba espiritualmente recibía una gracia de la misma clase que la que recibía cuando comulgaba de hecho. Sobre todo, nos bastará saber que el santo Concilio de Trento (Ses. 13. c. 8) alaba mucho las Comuniones espirituales, y anima a los fieles a practicarlas.

De ahí que todas las almas devotas acostumbran a practicar con frecuencia este santo ejercicio de la Comunión espiritual. La beata Águeda de la Cruz lo hacía doscientas veces al día. Y el Padre Pedro Fabro, primer compañero de San Ignacio, solía decir que era de la mayor utilidad hacer Comuniones espirituales, para recibir bien la Comunión sacramental.

A todos los que quieren avanzar en el amor de Jesucristo se les exhorta a hacer una Comunión espiritual por lo menos una vez en cada visita que hagan al Santísimo Sacramento, y en cada Misa que oigan; y aun sería mejor en estas ocasiones repetir las Comuniones tres veces, esto es, al principio, en la mitad y al terminar. Esta devoción es mucho más provechosa de lo que algunos suponen, y al mismo tiempo nada puede ser más fácil de practicar. La bienaventurada

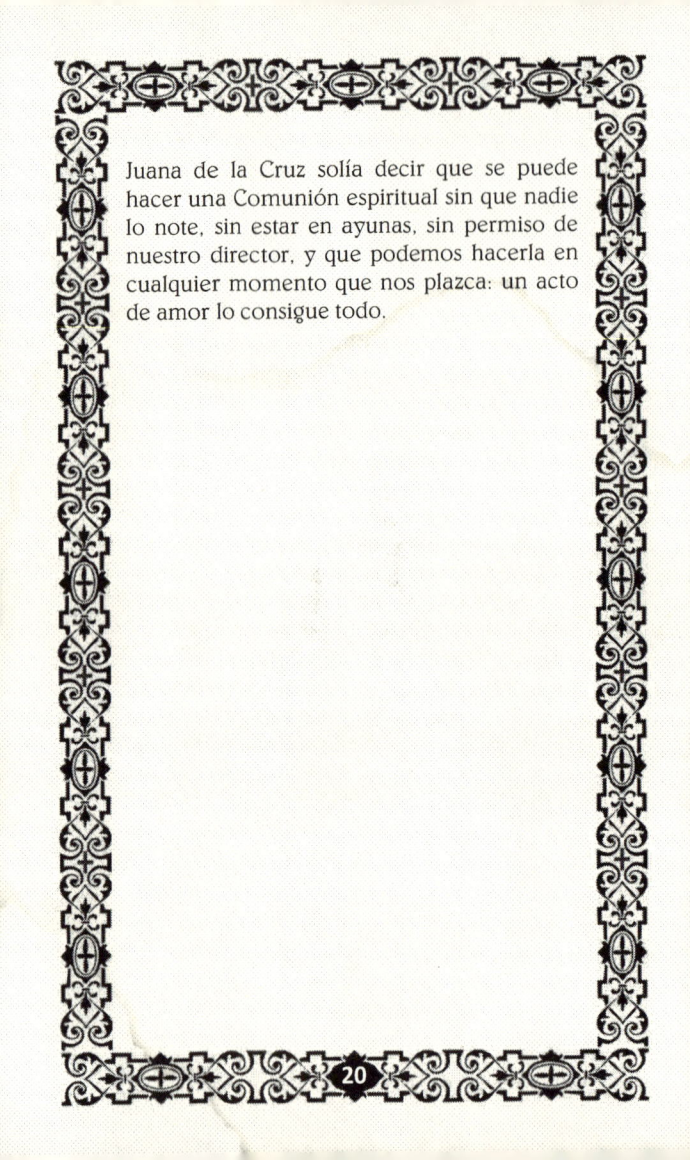

Juana de la Cruz solía decir que se puede hacer una Comunión espiritual sin que nadie lo note, sin estar en ayunas, sin permiso de nuestro director, y que podemos hacerla en cualquier momento que nos plazca: un acto de amor lo consigue todo.

# MODO DE HACER LAS VISITAS

## I. Actos que deben hacerse antes de cada Visita al Santísimo Sacramento.

Señor mío Jesucristo, que, por el amor que tienes a los hombres, permaneces día y noche en este Sacramento lleno de compasión y de amor, esperando, llamando y acogiendo a todos los que vienen a visitarte: creo que estás presente en el Sacramento del Altar. Te adoro desde el abismo de mi nada, y te doy gracias por todas las gracias que me has concedido, y en particular por haberme dado a Ti mismo en este Sacramento, por haberme dado a tu santísima Madre María por abogada, y por haberme llamado a visitarte en esta iglesia.

Saludo ahora a tu amantísimo Corazón, y esto con tres fines: 1. En acción de gracias por este gran don. 2. Para desagraviarte por todos los ultrajes que recibes en este Sacramento de todos tus enemigos. 3. Con esta visita pretendo adorarte en todos los lugares de la tierra en los que estás presente en este Sacramento, y en los que eres el menos venerado y el más aborrecido.

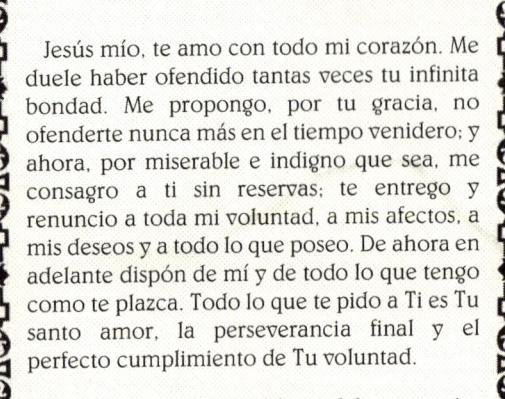

Jesús mío, te amo con todo mi corazón. Me duele haber ofendido tantas veces tu infinita bondad. Me propongo, por tu gracia, no ofenderte nunca más en el tiempo venidero; y ahora, por miserable e indigno que sea, me consagro a ti sin reservas; te entrego y renuncio a toda mi voluntad, a mis afectos, a mis deseos y a todo lo que poseo. De ahora en adelante dispón de mí y de todo lo que tengo como te plazca. Todo lo que te pido a Ti es Tu santo amor, la perseverancia final y el perfecto cumplimiento de Tu voluntad.

Te encomiendo a las almas del purgatorio, pero especialmente a las que tuvieron la mayor devoción al Santísimo Sacramento y a la Santísima Virgen María. Te encomiendo también a todos los pobres pecadores.

Finalmente, mi querido Salvador, uno todos mis afectos a los afectos de tu amantísimo Corazón; y los ofrezco, así unidos, a tu Eterno Padre, y le suplico en tu nombre que, por tu amor, se digne acogerlos y dispensarlos.

## II. Acto de Comunión Espiritual
**(Tras la visita al Santísimo de cada día).**

Jesús mío, creo que estás verdaderamente presente en el Santísimo Sacramento. Te amo sobre todas las cosas y deseo recibirte en mi alma. Puesto que no puedo recibirte sacramentalmente, ven espiritualmente al menos a mi corazón. Te abrazo como si ya estuvieras allí, y me uno enteramente a Ti; nunca permitas que me separe de Ti.

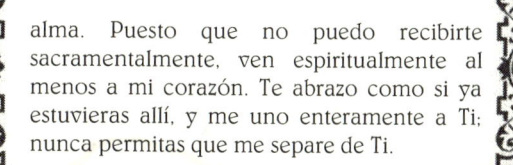

**Actos más breves.**

· Creo que Tú, oh Jesús, estás en el Santísimo Sacramento. Te amo y Te deseo. Ven a mi corazón. Te abrazo. ¡Nunca me abandones!

· Que el ardiente y dulcísimo poder de tu amor, te suplico, Señor Jesucristo, absorba mi mente para que muera por amor a tu amor, por el que tuviste a bien morir por amor a mi amor (San Francisco de Asís).

· ¡Oh amor no amado! ¡Oh amor no conocido! (Santa María Magdalena de Pazzi).

· ¡Oh esposo mío! ¿Cuándo me tomarás para Ti? (San Pedro de Alcántara).

· Jesús, mi buen, mi dulcísimo amor, ¡Inflama y enciende este corazón mío, hazlo todo fuego por amor a Ti!

· ¡Salve al amor de Jesús, nuestra vida y nuestro todo! ¡Salve a María, nuestra esperanza! Amén.

## III. Visita A La Santísima Virgen.

*Después de la Comunión espiritual, se hará una visita a alguna imagen de la Santísima Virgen María. Lee la visita del día, y termina con la siguiente oración, para obtener así el poderosísimo patrocinio de María:*

Santísima Virgen Inmaculada y Madre mía, María, a ti que eres la Madre de mi Señor, la Reina del mundo, la abogada, la esperanza, el refugio de los pecadores, recurro hoy, yo que soy el más miserable de todos. Te rindo mis más humildes homenajes, oh Gran Reina, y te doy gracias por todas las gracias que me has concedido hasta ahora, particularmente por haberme librado del infierno, que tantas veces he merecido. Te amo, oh amabilísima Señora; y por el amor que te profeso, prometo servirte siempre y hacer todo lo que esté en mi mano para que los demás también te amen. En ti pongo todas mis esperanzas; confío mi salvación a tus cuidados. Acéptame como siervo tuyo y acógeme bajo tu manto, oh Madre de misericordia. Y ya que eres tan poderosa ante Dios, líbrame de todas las tentaciones, o más bien consígueme la fuerza para triunfar sobre ellas hasta la muerte. Te pido un amor perfecto a Jesucristo. De ti espero una buena muerte. Oh Madre mía, por el amor que tienes a Dios, te suplico que me ayudes en todo momento, pero especialmente en el último de mi vida. No me abandones, te lo suplico, hasta que me veas a salvo en el cielo, bendiciéndote y cantando tus misericordias por toda la eternidad. Amén. Así lo espero. Que así sea.

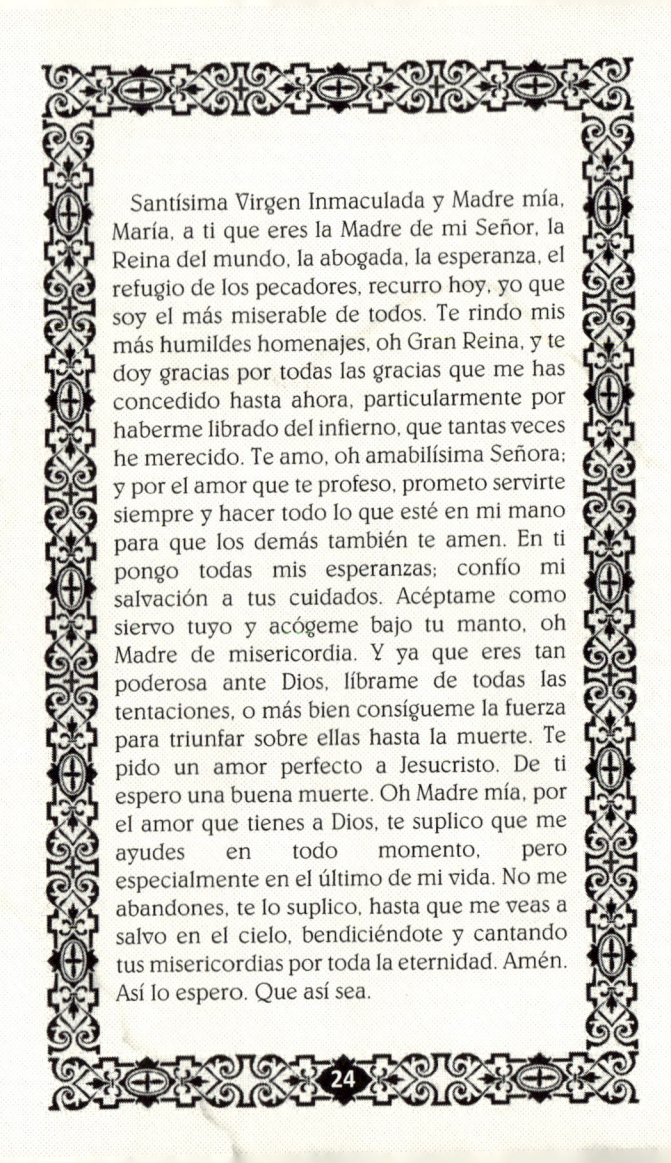

# VISITAS AL SANTÍSIMO SACRAMENTO Y A MARÍA SANTÍSIMA

### Visita I

*Si alguno tiene sed, que venga a Mí (Jn 7.37).*

He aquí la fuente de todo bien, Jesús sacramentado, que nos dice: "Si alguno tiene sed, que venga a mí": Oh, qué torrentes de gracia han sacado siempre los santos de la fuente del santísimo Sacramento, de donde, como predijo el Profeta, Jesús nos dispensa todos los méritos de su Pasión: "Sacaréis aguas con gozo de las fuentes del Salvador". La Condesa de Feria, ferviente discípula del venerable Padre M. Ávila, y que después se hizo monja de la orden de las Clarisas, era llamada la esposa del Santísimo Sacramento, por sus frecuentes y prolongadas visitas al mismo: preguntada una vez qué hacía durante las muchas horas que pasaba en su sagrada Presencia, respondió: "¡Podría permanecer allí toda la Eternidad!" ¿No está allí la esencia misma de Dios, que será el

Alimento de los Bienaventurados? ¡Dios mío! ¿Qué hacemos nosotros ante Él? ¿Hay algo que no podamos lograr? ¡Amamos, alabamos, damos gracias, pedimos! ¿Qué hace el mendigo en presencia del rico? ¿Qué hace el enfermo cuando está con su médico? ¿O el que tiene sed ante una fuente viva? ¿Qué hace un hambriento ante una mesa abundante? Oh mi dulce y amable Jesús, mi Vida, mi Esperanza, mi Tesoro, el único Amor de mi alma, ¿cuánto te ha costado continuar con nosotros en este Sacramento? Tuviste que morir para permanecer sacramentalmente en nuestros altares; ¿y cuántos insultos has soportado desde entonces en este Sacramento, para ayudarnos con tu presencia? Tu amor y tu deseo de ser amado por nosotros lo han superado todo.

Ven, pues, Señor, ven, entra en mi corazón y séllalo, para que ninguna criatura pueda volver a compartir el amor que Te debo y que deseo darte enteramente a Ti y sólo a Ti. Sólo Tú, mi amado Redentor, me gobiernas; sólo Tú tomas completa posesión de mí; y si acaso no te obedezco a veces perfectamente, castígame con severidad, para que en adelante tenga cuidado de agradarte de la manera que Tú quieras. Haz que no desee ni busque otro placer que el de agradarte, el de visitarte a menudo en tus altares, el de conversar contigo y el de recibirte en la sagrada Comunión. Que los que desean otros bienes los busquen; yo no amo ni deseo otra cosa que el tesoro de tu amor; sólo esto te pediré al pie de tu altar. Haz que me olvide de mí mismo, para acordarme sólo de Tu bondad. ¡Bendito Serafín! Te envidio, no por tu gloria, sino por el amor que profesas a tu Dios y a mi Dios; enséñame, pues, a amarle y a agradarle.

**Jaculatoria:** *Jesús mío, a Ti sólo amaré, a Ti sólo complaceré.*

*Hágase una Comunión Espiritual en este momento de la Visita de cada día, como se indica en las instrucciones preliminares.*

### Primera Visita a María.

Otra fuente de felicidad para nosotros es María, nuestra Madre, tan rica en bondad y en gracias que San Bernardo dice que no hay nadie en el mundo que no participe de ellas. Todos hemos recibido de su plenitud. La bienaventurada María estaba llena de gracia, y tan colmada de dones, que fue saludada por el Ángel: "Dios te salve, llena eres de gracia".

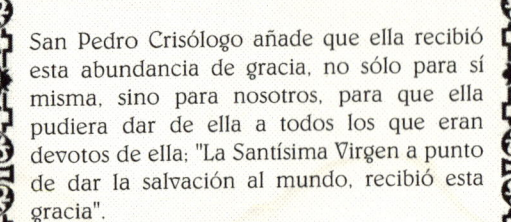

San Pedro Crisólogo añade que ella recibió esta abundancia de gracia, no sólo para sí misma, sino para nosotros, para que ella pudiera dar de ella a todos los que eran devotos de ella; "La Santísima Virgen a punto de dar la salvación al mundo, recibió esta gracia".

**Jaculatoria.** *Causa de nuestra alegría, ruega por nosotros.*

## Visita II
*El Pan que yo daré es mi Carne
para la vida del mundo (Jn 6:53).*

Dice el piadoso Padre Nierembergh que siendo el pan un alimento que al comerlo se consume, y que sin embargo puede conservarse si se guarda, Jesús se complació en permanecer en la tierra bajo la especie de pan, no sólo para poder consumirse, uniéndose a las almas de los que le aman por medio de la sagrada Comunión, sino también para poder conservarse en el Sagrario, y así, presente entre nosotros, recordarnos el amor que nos profesa. San Pablo dice que "se despojó de sí mismo, tomando la condición de siervo" (Fil 2:7), pero ¿qué debemos decir cuando le vemos asumir la forma de pan? Dice San Pedro de Alcántara: "Ninguna lengua bastará para expresar la grandeza del amor que Jesús tiene a todas las almas que están en gracia; y por eso este amantísimo Esposo, estando a punto de dejar esta vida, para que su ausencia no sea motivo de olvido, les dejó como memoria este santísimo Sacramento, en el cual, no queriendo que haya entre ellos otra prenda, Él mismo permanece para mantener vivo su memoria".

Jesús mío, ya que permaneces en el Sagrario para escuchar las súplicas de las miserables criaturas que acuden a Ti en busca de audiencia, escucha ahora la petición que Te hace un pecador, el más ingrato de la humanidad.

Vengo a tus pies arrepentido y consciente del mal que he hecho al desagradarte. Te imploro que me perdones por todo lo que te he ofendido. ¡Oh Dios mío, si nunca hubiera pecado! Mira los deseos de mi corazón: he descubierto cuán supremamente digno eres de amor y me he apegado a Ti; siento un gran deseo de amarte y de agradarte, pero no tengo fuerzas para hacerlo si Tú no me ayudas. Haz saber a todo el cielo, oh santo Señor, la grandeza de tu poder y tu inmensa bondad, transformándome de rebelde desgraciado en sincero amante tuyo. Tú puedes hacerlo, y estás dispuesto a hacerlo: suple, pues, todo lo que falta en mí, para que pueda amarte mucho, o al menos, para que pueda amarte tanto como te he ofendido. Te amo, Jesús mío; Te amo sobre todas las cosas; Te amo más que a mi vida; ¡Dios mío, mi Amado, mi Todo!

**Jaculatoria.** *¡Mi Dios y mi Todo!*

### Segunda Visita a María.

"Acudamos, pues, confiadamente al trono de la gracia, para alcanzar misericordia y hallar la gracia en el momento oportuno" (Hebr 4:16). San Antonino dice que María es este trono de gracia, desde el cual Dios dispensa todas las bendiciones. Oh Reina, merecedora de todo amor, si tanto deseas ayudar a los pecadores, he aquí uno grande de ellos que recurre ahora a ti; ¡ayúdame poderosamente, y ayúdame pronto!

**Jaculatoria.** *Único refugio de los pecadores, ¡ten piedad de mí! (San Agustín).*

## Visita III

*Mi delicia es estar
con los hijos de los hombres (Prov 8:31).*

Fijaos en nuestro querido Jesús, que no contento con haber muerto en la tierra por amor nuestro, ha querido, aun después de muerto, permanecer con nosotros en el santísimo Sacramento, declarando que entre los hombres encuentra su delicia. "Oh hombres", exclama Santa Teresa, "¿cómo podéis ofender a un Dios que afirma que en vosotros encuentra Sus delicias?" Jesús encuentra Su delicia en nosotros, ¿y no encontraremos nosotros la nuestra en Jesús, especialmente nosotros que hemos sido honrados con la entrada en Su palacio? ¡Cuán altamente favorecidos se consideran aquellos vasallos a quienes el Rey admite en su palacio! Aquí tenemos el palacio del Rey, esta casa en la que moramos con Jesús: ¡oh! aprendamos ahora a darle gracias, y aprovechémonos de esta presencia real de Jesucristo. Mírame, pues, Señor mío y Dios mío, ante este altar, en el que Tú moras noche y día por mí: Tú eres la Fuente de todo bien; el Sanador de todos los males; el Tesoro de los pobres: mira, pues, a Tus Pies al más pobre y débil de los pecadores, que implora Tu compasión; ¡ten piedad de mí! Mi miseria no me desalentará, porque Te veo en este Sacramento bajado del Cielo sólo para mi bien: Te alabo, Te doy gracias, Te amo; y si quieres que te pida alguna limosna, esto te pido, escúchame: Deseo no ofenderte más, y que me des luz y gracia para amarte con todas mis fuerzas. Señor, Te amo con toda mi alma; Te amo con todo mi afecto; ¡permíteme decir esto siempre con verdad, en esta vida y por toda la Eternidad! Santa María, santos patronos míos, ángeles y todos los bienaventurados del cielo, ayudadme a amar a mi amado Dios.

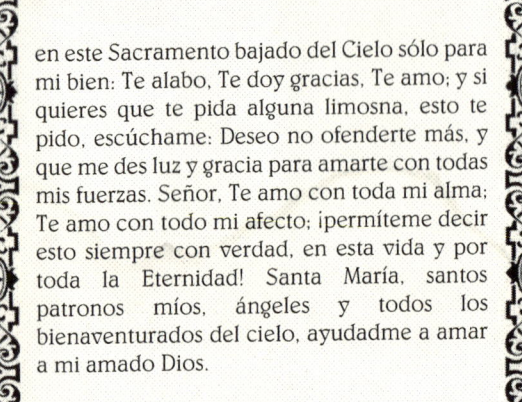

**Jaculatoria.** *Oh buen Pastor, Pan verdadero, Jesús ten piedad de nosotros: aliméntanos, defiéndenos y haznos ver cosas buenas en la tierra de los vivos.*

### Tercera Visita a María.

Sus manos son una atadura saludable (Ecl. 6:31). El devoto Pelbarto dice que la devoción a María es un lazo de predestinación. Supliquemos a la Virgen que nos ate cada vez más con las cadenas del amor y con la confianza en su protección.

**Jaculatoria.** *¡Oh clemente, oh piadosa, oh dulce Virgen María!*

## Visita IV

*Su conversación no es amarga,
ni su compañía tediosa (Sab 8:16).*

Los amigos de la tierra encuentran tanta satisfacción en estar juntos, que pasan días enteros juntos: los que no aman a Jesús, oculto bajo los velos sacramentales, se cansan, mientras que los santos encontraban el paraíso en la presencia del santísimo Sacramento. Santa Teresa, apareciéndose después de su muerte a una de sus monjas, dijo: "Los que están en el Cielo y los que están en la tierra deben ser uno y lo mismo en pureza y amor, nosotros gozando y vosotros sufriendo; y lo que nosotros hacemos en el Cielo en presencia del Ser Divino, vosotros debéis hacerlo en la tierra en presencia del santísimo Sacramento." Nuestro Paraíso en la tierra es el siempre bendito Sacramento.

Oh Cordero sin mancha, sacrificado por nosotros en la Cruz, recuerda que soy una de esas almas que redimiste con tanta angustia con tu muerte; concédeme que seas mío, y que nunca te pierda, ya que te has dado a mí, y te das cada día, sacrificándote por mí en el altar; concédeme que sea enteramente tuyo. Me entrego enteramente a Ti, para que hagas de mí lo que quieras. Te entrego mi voluntad;

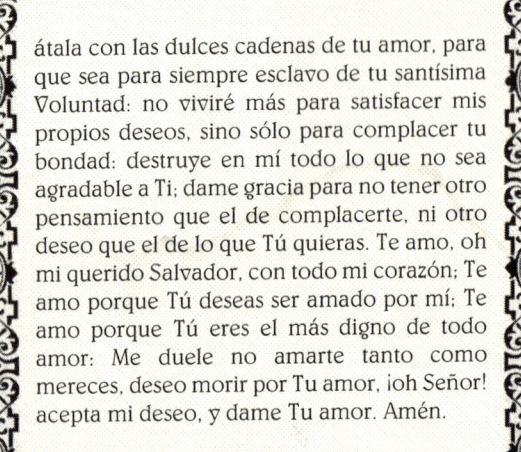

átala con las dulces cadenas de tu amor, para que sea para siempre esclavo de tu santísima Voluntad: no viviré más para satisfacer mis propios deseos, sino sólo para complacer tu bondad: destruye en mí todo lo que no sea agradable a Ti; dame gracia para no tener otro pensamiento que el de complacerte, ni otro deseo que el de lo que Tú quieras. Te amo, oh mi querido Salvador, con todo mi corazón; Te amo porque Tú deseas ser amado por mí; Te amo porque Tú eres el más digno de todo amor: Me duele no amarte tanto como mereces, deseo morir por Tu amor, ¡oh Señor! acepta mi deseo, y dame Tu amor. Amén.

**Jaculatoria.** *¡Oh Voluntad de mi Dios, me entrego a Ti por entero!*

### Cuarta Visita a María.

Yo soy la Madre del amor hermoso (Ecl 24:24). María nos dice que es la Madre del amor hermoso, es decir, del amor que hace bellas a las almas. Santa María Magdalena de Pazzi vio a la siempre bendita Virgen que iba distribuyendo un dulce licor, que era el amor divino: este don sólo lo distribuye María, por tanto, busquémoslo en María.

**Jaculatoria.** *Madre mía, esperanza mía, haz que pertenezca enteramente a Jesús.*

## Visita V

*El gorrión ha encontrado una casa,*
*y la tórtola un nido para ella,*
*en el que puede poner a sus crías:*
*Tus altares, Señor de los ejércitos,*
*Rey mío y Dios mío (Sal 83:4).*

El gorrión, dice el santo David, encuentra morada en las casas, y la paloma en su nido, pero Tú, mi Rey y mi Dios, has encontrado un lugar de reposo, y has hecho Tu morada en la tierra, sobre nuestros altares, para que podamos encontrarte, y para que Tú estés con nosotros. Oh Señor, no podemos menos de reconocer que amas demasiado al ser humano; Tú mismo no sabes qué más hacer para ganarte su amor: concédenos, oh mi amantísimo Jesús, que también nosotros te amemos de verdad; no es razonable que amemos fríamente a un Dios que nos ama con tanto ardor. Atráenos, pues, con los dulces encantos de tu amor, y haznos sentir los fuertes deseos que tienes de ser amado por nosotros.

¡Oh Majestad infinita, Bondad infinita! Tú amas tanto al hombre, Tú has hecho tanto para ser amado por los hombres, ¿cómo puede ser que entre toda la humanidad haya tan pocos que Te amen? Yo, al menos, ya no estaré, como hasta ahora, entre el triste número de los ingratos; estoy resuelto a amarte cuanto pueda, y a no amar a nadie más que a Ti: Tú lo mereces; Tú lo ordenas tan encarecidamente. Te complaceré, pues: concédeme, oh Dios de mi alma, que te satisfaga plenamente; imploro esta gracia por los méritos de tu Pasión, y espero obtenerla. Da los bienes de este mundo a quien los deseen; yo no deseo ni busco otra cosa que el tesoro inestimable de Tu amor. Te amo, Jesús mío, Te amo, Bondad infinita: Tú eres toda mi riqueza, todo mi placer, todo lo que amo.

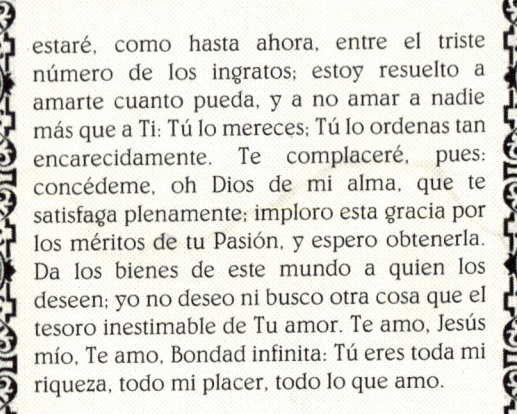

**Jaculatoria.** *Jesús mío, Tú te has dado a mí por entero: Me entrego enteramente a Ti.*

### Quinta Visita a María.

Santísima Señora, a quien San Bernardo llama "encantadora de corazones", diciendo que tu belleza y tu bondad encantan todos los corazones, encanta, te lo suplico, este corazón mío, y toma posesión de mi voluntad: Te los entrego enteramente, átalos a los tuyos y ofrécelos a Dios.

**Jaculatoria.** *Madre amabilísima, ruega por mí.*

## Visita VI
*Allí donde esté tu tesoro,*
*allí estará también tu corazón (Lc 11:34)*

Nos dice Jesucristo que donde el hombre considere que está su tesoro, allí está su corazón; por eso las almas piadosas, que no valoran ni aman otro tesoro que a Jesús, fijan su corazón y todos sus afectos en el siempre bendito Sacramento. Mi amado Señor, oculto bajo los velos sacramentales, que por amor a mí permaneces noche y día en el sagrario, te suplico que atraigas mi corazón enteramente hacia Ti, para que nada ame, nada busque, nada espere, sino a Ti: concédemelo por los méritos de tu Pasión, por la que lo pido y en la que lo espero.

Oh Salvador mío, velado en este Sacramento, mi divino y amado Señor, ¡cuán entrañables son las tiernas sutilezas de tu amor para ganarnos para Ti! Verbo eterno hecho hombre, no te contentas con haber muerto por nosotros, sino que también nos has dado este santísimo Sacramento para estar con nosotros, como alimento nuestro y prenda del Cielo: Apareciste entre nosotros primero como un Niño en un pesebre; después como un pobre Artesano en su oficio; luego como un Criminal en el patíbulo, pero ahora estás con nosotros como Pan en nuestros altares: ¿podrías inventar algún otro medio para hacernos amarte? Oh Bondad infinita, ¿cuándo comenzaré a corresponder a tal exceso de amor? Señor, sólo viviré para amarte a Ti y sólo a Ti. ¿De qué me sirve la vida si no la empleo enteramente en amarte y agradarte a Ti, mi amado Redentor, que has dado tu vida por mí? ¿Qué tengo que amar si no te amo a Ti, que eres la Belleza y la Dulzura misma, bueno y amable, y digno de todo amor? Que mi alma viva sólo para amarte: que se disuelva de amor con el solo recuerdo de Tu amor; y que el mero nombre del pesebre, de la cruz o del santísimo Sacramento, la inflame con un ardiente deseo de hacer grandes cosas por Ti, Jesús mío, que tanto has hecho y sufrido por mí.

**Jaculatoria.** *Concédeme, oh Salvador mío, que antes de morir pueda hacer algo por Ti.*

### Sexta Visita a María.

"Como olivo hermoso en la llanura" (Ecc. xxiv. 19). María dice: "Yo soy el olivo hermoso, del que sale siempre el aceite de la misericordia, y estoy puesta en los campos para que todos me vean y recurran a mí". Digámosle, con su devoto servidor:

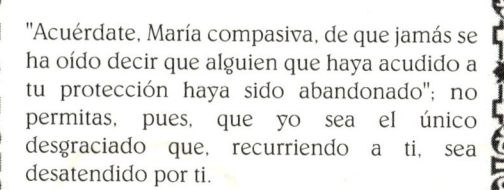

"Acuérdate, María compasiva, de que jamás se ha oído decir que alguien que haya acudido a tu protección haya sido abandonado"; no permitas, pues, que yo sea el único desgraciado que, recurriendo a ti, sea desatendido por ti.

**Jaculatoria.** *Oh María, obtén para mí la gracia de recurrir siempre a ti.*

## Visita VII
*He aquí que yo estoy con vosotros todos los días, hasta la consumación del mundo (Mt 28:20).*

Nuestro amoroso Pastor, que ha dado la vida por nosotros, sus ovejas, no quiere separarse de nosotros ni siquiera en la muerte: "He aquí -dice-, mis amadas ovejas, que yo estaré siempre con vosotras; por vosotras permanezco en la tierra en el Santísimo Sacramento; aquí me encontraréis siempre que queráis, dispuesto a ayudaros y confortaros con mi presencia; no os dejaré mientras dure el mundo, ni mientras vosotros permanezcáis en la tierra". San Pedro de Alcántara dice que el Esposo de nuestras almas no quiso dejar solos en esta "tierra de destierro" a los que amaba, y por eso instituyó este Sacramento, en el que Él mismo permanece, como el mejor Compañero que podía dejarnos.

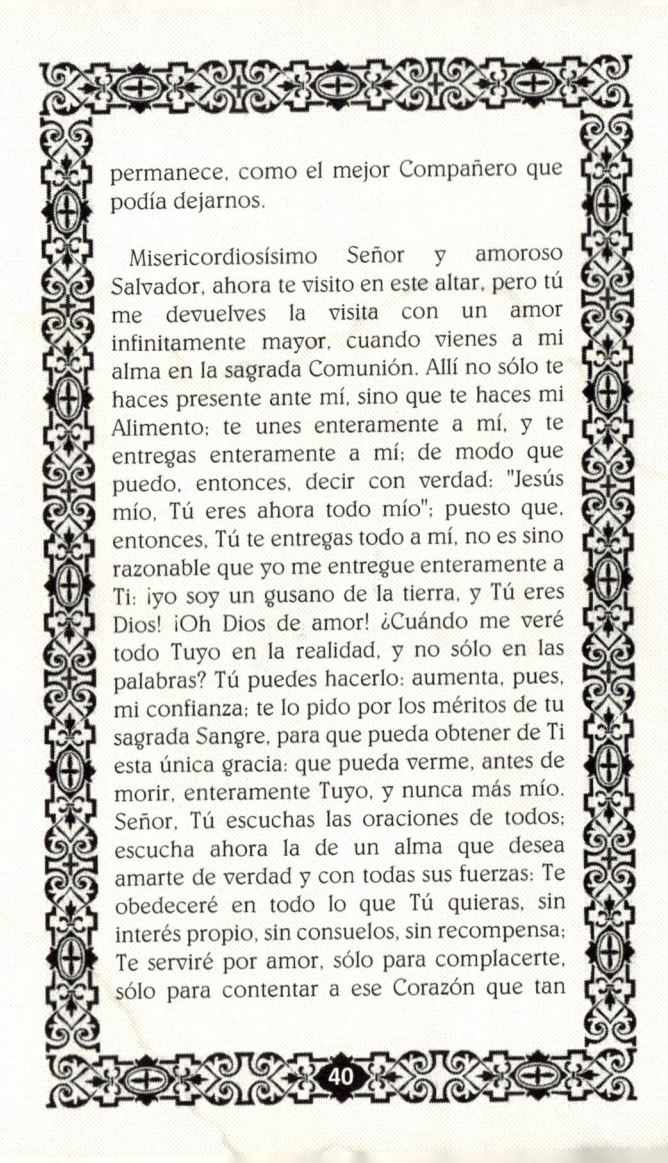

Misericordiosísimo Señor y amoroso Salvador, ahora te visito en este altar, pero tú me devuelves la visita con un amor infinitamente mayor, cuando vienes a mi alma en la sagrada Comunión. Allí no sólo te haces presente ante mí, sino que te haces mi Alimento; te unes enteramente a mí, y te entregas enteramente a mí; de modo que puedo, entonces, decir con verdad: "Jesús mío, Tú eres ahora todo mío"; puesto que, entonces, Tú te entregas todo a mí, no es sino razonable que yo me entregue enteramente a Ti: ¡yo soy un gusano de la tierra, y Tú eres Dios! ¡Oh Dios de amor! ¿Cuándo me veré todo Tuyo en la realidad, y no sólo en las palabras? Tú puedes hacerlo: aumenta, pues, mi confianza; te lo pido por los méritos de tu sagrada Sangre, para que pueda obtener de Ti esta única gracia: que pueda verme, antes de morir, enteramente Tuyo, y nunca más mío. Señor, Tú escuchas las oraciones de todos; escucha ahora la de un alma que desea amarte de verdad y con todas sus fuerzas: Te obedeceré en todo lo que Tú quieras, sin interés propio, sin consuelos, sin recompensa; Te serviré por amor, sólo para complacerte, sólo para contentar a ese Corazón que tan tiernamente me ama. Mi recompensa será amarte a Ti. Oh amado Hijo del Padre Eterno, toma mi libertad, mi voluntad, todo lo que es mío, todo mi ser; y dame a Ti mismo: Te amo, Te busco, Te anhelo, Te pido, Te imploro.

**Jaculatoria.** *Jesús mío, ¡hazme enteramente Tuyo!*

### Séptima Visita a María

Señora, merecedora de todo amor, toda la Iglesia te aclama y te saluda como "nuestra Esperanza". Tú, que eres la esperanza de todos, sé también mi esperanza: San Bernardo te llama "la única causa de mi esperanza", y te dice: "" Que espere en ti el que desespera". Yo también diré lo mismo. Oh María, que salvas incluso a los desesperados, en ti pongo toda mi esperanza.

**Jaculatoria.** *María, Madre de Dios, ruega a Jesús por mí.*

## Visita VIII
*Levántate, apresúrate, amor mío...*
*hermosa mía, ven (Cant 2:10).*

Jesús dirige a todos los que le visitan en el santísimo Sacramento las mismas palabras que dirigió a la sagrada esposa en el Cántico. "Alma que me visitas, levántate de tu miseria; estoy aquí para enriquecerte de gracias; acércate, acércate a Mí, no temas a Mi Majestad, que se ha humillado en este gran Sacramento para quitarte el miedo y darte confianza; Mi amor; ya no eres Mi Enemiga, sino Mi Amiga, porque Me amas, y Yo te amo; hermosa Mía; Mi gracia te ha hecho hermosa, ven; ven aquí, únete a Mí, y pídeme, con gran confianza lo que desees".

Santa Teresa solía decir que este gran Rey de gloria se ha escondido bajo las especies de pan en este Sacramento, y ha velado su infinita Majestad para darnos valor para acercarnos con más confianza a su Divino Corazón. Acerquémonos, pues, a Jesús con gran confianza y amor, unámonos a Él y supliquémosle gracias.

Oh Verbo Eterno hecho Hombre, y oculto en este gran Sacramento por mí, ¡qué alegría no he de sentir al saber que estoy en Tu Presencia, Dios mío, infinito en Majestad y bondad, y que tan tiernamente amas mi alma! Almas que amáis a Dios, dondequiera que estéis, en el Cielo o en la tierra, amadle también por mí: María, Madre, ayúdame a amarle... Y Tú, amado Señor, hazte objeto de todos mis afectos; apodérate de mi voluntad, poséeme enteramente: Te consagro enteramente mi mente, para que así piense siempre en Tu bondad; Te consagro también mi cuerpo para que me ayude a agradarte; Te consagro mi alma, para que sea toda Tuya. Deseo, oh Amado de mi alma, que todos los hombres conozcan la ternura del amor que Tú les tienes, para que así vivan sólo para honrarte y agradarte, como Tú deseas y mereces: que yo, al menos, viva sólo para amar tu infinita belleza. De ahora en adelante haré todo lo que pueda para agradarte; resuelvo abandonar todo lo que crea que te desagrada, aunque perdiera todo lo que tengo, incluso mi propia vida. Feliz seré si pierdo todo para ganarte a Ti, mi Dios, mi Tesoro, mi Amor, mi Todo.

**Jaculatoria.** *Jesús, Amor mío, tómame por entero; ¡poséeme por entero!*

### Octava Visita a María

Quien sea pequeño, que venga a mí (Prov 9:4). María invita a todos los niños que necesitan una madre a que recurran a ella, como a la más amorosa de todas las madres. El devoto Nierembergh dice que el amor de todas las madres es una mera sombra comparado con el que María siente por cada uno de nosotros: Madre mía, Madre de mi alma, que me amas y deseas mi salvación más que nadie, excepto Dios, muéstrate Madre mía.

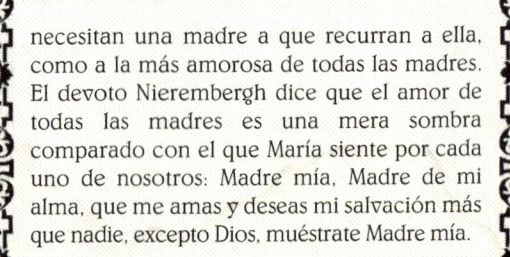

**Jaculatoria.** *Madre mía,*
*haz que me acuerde siempre de ti.*

## Visita IX

*Vi... Uno semejante al Hijo del hombre...*
*ceñido... con un cinto de oro (Apoc 1:12-13)*

San Juan dice que vio al Señor ceñido con un cinturón de oro. ¿No parece querer demostrarnos con esta descripción cuán abundantes son las gracias que la ternura más que maternal de Jesucristo quiere concedernos en este santísimo Sacramento? Él es, en efecto, como una tierna madre, que busca a su hijo para alimentarlo, según la consoladora promesa que nos hace por boca de su profeta Isaías: "Serás llevado a los pechos" (Is 66:12).

El venerable Padre Álvarez vio a Jesús en el siempre Bendito Sacramento, con las Manos llenas de gracias, buscando a quién repartirlas; y se cuenta de Santa Catalina de Siena, que, siempre que se acercaba al Santísimo Sacramento, lo hacía con el amoroso afán de un niño que se vuelve al pecho de su madre.

Oh amado y unigénito Hijo del Padre Eterno, sé que Tú eres el Objeto más digno de ser amado; deseo amarte tanto como Tú mereces, o al menos tanto como un alma puede desear amarte. Bien sé que yo, un traidor tan rebelde a Tu amor, no merezco amarte; ni merezco estar tan cerca de Ti como lo estoy ahora; pero sin embargo siento que Tú buscas mi amor, y te oigo decirme: "Hijo mío, dame tu corazón; amarás al Señor tu Dios con todo tu corazón". Veo que has conservado mi vida, y no me has entregado al infierno, sólo para que me entregue enteramente a tu amor; y puesto que aún deseas ser amado por mí, mírame, Dios mío, a Ti me entrego, a Ti me doy. Te amo, oh Dios, que eres todo bondad y todo amor, te elijo como único Rey y Señor de mi pobre corazón: Tú deseas tenerlo, y yo te lo daré; es frío y sin valor, pero si Tú lo aceptas, Tú lo transformarás. Cámbiame, Señor, cámbiame; no viviré más como hasta ahora, tan ingrato y teniendo tan poco amor a tu infinita Bondad, que tanto me ama y merece tan infinito amor. Concédeme que en el futuro pueda compensar el amor que hasta ahora he dejado de tenerte.

**Jaculatoria.** *Dios mío, Dios mío, Te amaré; ¡estoy resuelto a amarte!*

### Novena Visita a María.

María, la Madre de Jesús, es semejante a su Hijo: siendo la Madre de Misericordia, se regocija cuando ayuda y consuela a los desdichados, y tan grande es el deseo de esta Madre de dar favores a todos, que Bernardino da Bustis dice: "Ella desea más hacerte bien, y darte gracia, que lo que tú deseas recibirlas".

**Jaculatoria.** *Salve, Esperanza nuestra.*

## Visita X
*En la misma Paz
dormiré y descansaré (Sal 4:9).*

"Oh insensatos y desdichados mundanos", exclama San Agustín, "¿adónde vais para satisfacer vuestros corazones? Venid a Jesús, pues sólo Él puede daros ese gozo que buscáis: infelices, ¿adónde vais? El bien que buscáis viene de Él". No seas, alma mía, tan necia;

busca sólo a Dios: "busca el único Bien en el que está todo bien". Si quieres encontrarle pronto, he aquí que Él está cerca de ti: dile lo que quieras; Él permanece en el Sagrario para consolarte y oír tus oraciones. Santa Teresa dice que a nadie le está permitido hablar con su soberano; a lo más que podemos aspirar es a que hable por nosotros un tercero; pero para hablarte a Ti, oh Rey de gloria, no es necesaria ninguna tercera persona; Tú estás siempre dispuesto, en el santísimo Sacramento del altar, a dar audiencia a todos. Quien Te desee, siempre puede encontrarte allí, y hablarte sin trabas; pero si alguien logra hablar con un monarca terrenal, cuántas dificultades tiene que superar: los soberanos no dan audiencia más que unas pocas veces al año, mientras que Tú, en este adorable Sacramento, nos das acceso noche y día, siempre que lo deseemos. Oh Sacramento de amor, ya te des a nosotros en la santa Comunión, ya permanezcas en nuestros altares, Tú sabes atraer hacia Ti, por las atracciones de Tu amor, a muchos corazones que, apegados a Ti, y asombrados de tan infinita bondad, arden de delicia y piensan incesantemente en Ti: atrae, pues, a este miserable corazón mío, que todavía desea amarte y vivir esclavo de Tu amor. Renuncio desde ahora en tus manos misericordiosas a todos mis intereses, a todas mis esperanzas y afectos, a mi alma y a mi cuerpo: acógeme, Señor, y dispón de mí como te plazca; no me quejaré más de las disposiciones de tu Providencia; sé que, como todas proceden de tu amoroso Corazón, están llenas de amor y tenderán a mi mayor bien. Me basta saber que Tú las quieres: Yo también los quiero, tanto en el tiempo como en la Eternidad. Haz en mí y conmigo lo que quieras; yo me uno enteramente a tu Voluntad, que es toda santidad, bondad y belleza, toda perfecta y merecedora de amor. ¡Oh Voluntad de mi Dios! ¡Cuán querida me eres! Viviré y moriré estrechamente unido a Ti; Tu complacencia es mi complacencia, y Tus deseos serán los míos. Dios mío, Dios mío, ayúdame y haz que, en adelante, viva sólo para Ti, sólo para querer lo que Tú quieras, sólo para amar tu adorabilísima Voluntad. Déjame morir por amor a Ti, ya que Tú moriste por amor a mí. Lloro los días en que he perseguido mi propia voluntad a disgusto Tuyo. ¡Oh Voluntad de mi Dios! Te amo tanto como a Dios, puesto que en verdad te identificas con Dios mismo; Te amo, pues, con todo mi corazón, y me entrego a Ti por completo.

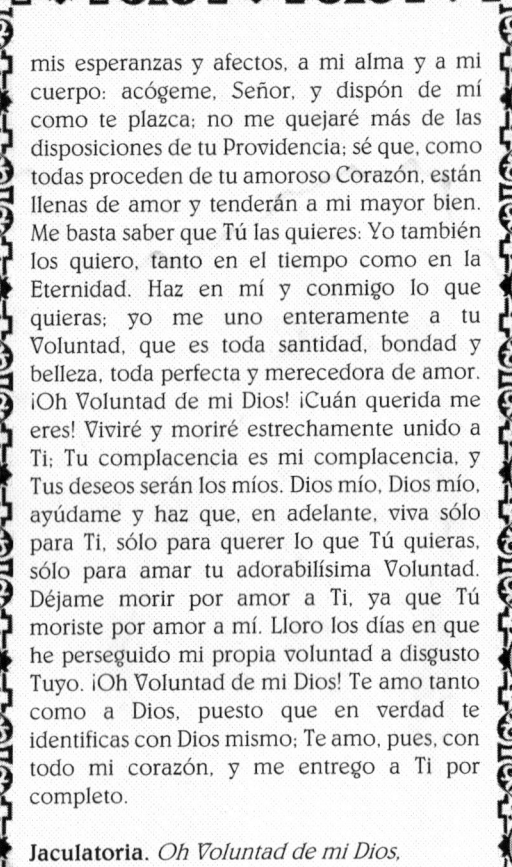

**Jaculatoria.** *Oh Voluntad de mi Dios, ¡Tú eres mi amor!*

### Décima Visita a María.

"La gran Reina del Cielo dice: "Conmigo están las riquezas... para enriquecer a los que me aman" (Prov 8:18,21). Amemos, pues, a María, si queremos ser ricos en gracia. El santo escritor que se llama a sí mismo el Idiota, dice: "Ella es un tesoro de gracias": bienaventurado el que recurre a María con amor y confianza. Madre mía, esperanza mía, tú puedes hacerme santo y por ti espero llegar a serlo.

**Jaculatoria.** *Madre amabilísima, ruega por mí.*

## Visita XI
*Los que se alejan de Ti perecerán (Sal 72:27)*

"Procuremos -dice Santa Teresa- no alejarnos ni perder de vista a Jesús, nuestro amado Pastor, porque las ovejas que se mantienen más cerca de su Pastor son las más acariciadas y atendidas, y él siempre les da bocados de lo que él mismo come: si duerme, las ovejas no se alejan hasta que él despierta, o ellas mismas lo despiertan, y entonces son acariciadas de nuevo". Redentor mío, oculto bajo los velos sacramentales, mírame cerca de Ti, no busco de Ti otro favor que el fervor y la perseverancia en tu santo amor.

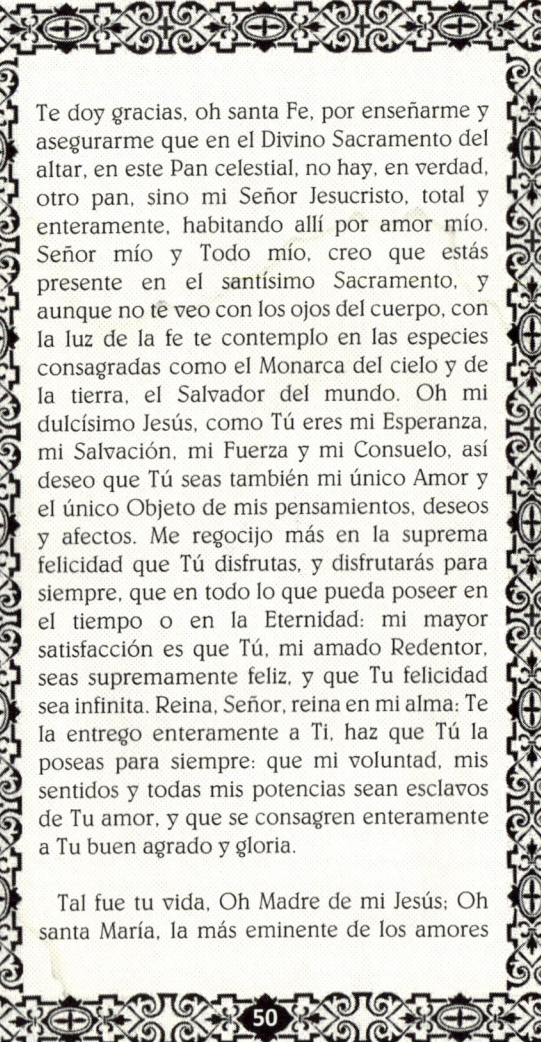

Te doy gracias, oh santa Fe, por enseñarme y asegurarme que en el Divino Sacramento del altar, en este Pan celestial, no hay, en verdad, otro pan, sino mi Señor Jesucristo, total y enteramente, habitando allí por amor mío. Señor mío y Todo mío, creo que estás presente en el santísimo Sacramento, y aunque no te veo con los ojos del cuerpo, con la luz de la fe te contemplo en las especies consagradas como el Monarca del cielo y de la tierra, el Salvador del mundo. Oh mi dulcísimo Jesús, como Tú eres mi Esperanza, mi Salvación, mi Fuerza y mi Consuelo, así deseo que Tú seas también mi único Amor y el único Objeto de mis pensamientos, deseos y afectos. Me regocijo más en la suprema felicidad que Tú disfrutas, y disfrutarás para siempre, que en todo lo que pueda poseer en el tiempo o en la Eternidad: mi mayor satisfacción es que Tú, mi amado Redentor, seas supremamente feliz, y que Tu felicidad sea infinita. Reina, Señor, reina en mi alma: Te la entrego enteramente a Ti, haz que Tú la poseas para siempre: que mi voluntad, mis sentidos y todas mis potencias sean esclavos de Tu amor, y que se consagren enteramente a Tu buen agrado y gloria.

Tal fue tu vida, Oh Madre de mi Jesús; Oh santa María, la más eminente de los amores divinos, ayúdame a vivir en adelante como tú viviste siempre, feliz sólo en Dios.

**Jaculatoria.** *Jesús mío, concédeme ser todo Tuyo, y ser Tú todo mío.*

### Undécima Visita a María.

"Bienaventurado el hombre que me oye, y que vela cada día a mis puertas, y espera a los umbrales de mis puertas" (Prov. 8:34). Bienaventurado el que, como un pobre a la puerta de un rico, busca con afán limosna a las puertas de la misericordia de María; y más bienaventurado aún el que busca con más ahínco imitar las virtudes de María, especialmente su pureza y humildad.

**Jaculatoria.** *Esperanza mía, ¡ayúdame!*

## Visita XII
*Dios es caridad,*
*y el que permanece en la caridad*
*permanece en Dios, y Dios en él (1 Juan 4:16)*

El que ama a Jesús, está con Jesús, y Jesús con él. "Si alguno me ama... Mi Padre le amará, y vendremos a él, y haremos morada con él" (Jn 14:23). Cuando San Felipe Neri, en su lecho de muerte, vio acercarse el Sacramento adorabilísimo que iba a recibir como Santo Viático, exclamó: "He aquí mi Amor, he aquí mi Amor". Que cada uno de nosotros diga también, en presencia de nuestro Salvador oculto: "He aquí mi Amor, he aquí el Objeto de todos los afectos durante la vida, y por toda la Eternidad".

Señor mío y Dios mío, puesto que has dicho en tu Evangelio que el que te ama será amado por Ti, y que Tú vendrás a él y habitarás siempre con él, yo te amo sobre todas las cosas; ámame Tú a mí, pues prefiero ser amado por Ti antes que a todos los reinos de este mundo: ven, y establece tu morada en mi pobre alma, para que nunca más me dejes; o mejor, para que yo nunca más te aleje de mí, Tú no te alejarás de mí a menos que Tú seas alejado. No permitas que vuelva a cometer en el mundo este nuevo crimen, esta horrible ingratitud. Después de haberme favorecido tanto, después de haberme concedido tantas gracias, ¡permíteme que no vuelva a desterrarte de mi alma! Sin embargo, esto puede suceder; y por eso, Señor mío, deseo morir si te place, para que, muriendo unido a Ti, pueda vivir eternamente contigo. Sí, Jesús mío, eso espero, te abrazo y te estrecho contra mi pobre corazón; concédeme amarte siempre y ser amado siempre por Ti. Sí, mi amado Redentor, si siempre te amo, Tú siempre me amarás, y espero que así amaré y seré amado, oh Dios de mi alma, por toda la Eternidad. Amén.

**Jaculatoria.** *Jesús mío, siempre Te amaré, y siempre seré amado por Ti.*

## Duodécima Visita a María

"Los que trabajan por mí no pecarán" (Ecl 24:30). María dice: "El que se ocupe en servirme obtendrá la perseverancia; y los que se empleen en darme a conocer y hacerme amar por los demás estarán entre los elegidos". Promete hablar, siempre que puedas, en público y en privado, de las glorias de María, y de la devoción a Ella.

**Jaculatoria.** *Haz que pueda alabarte, oh Virgen sagrada.*

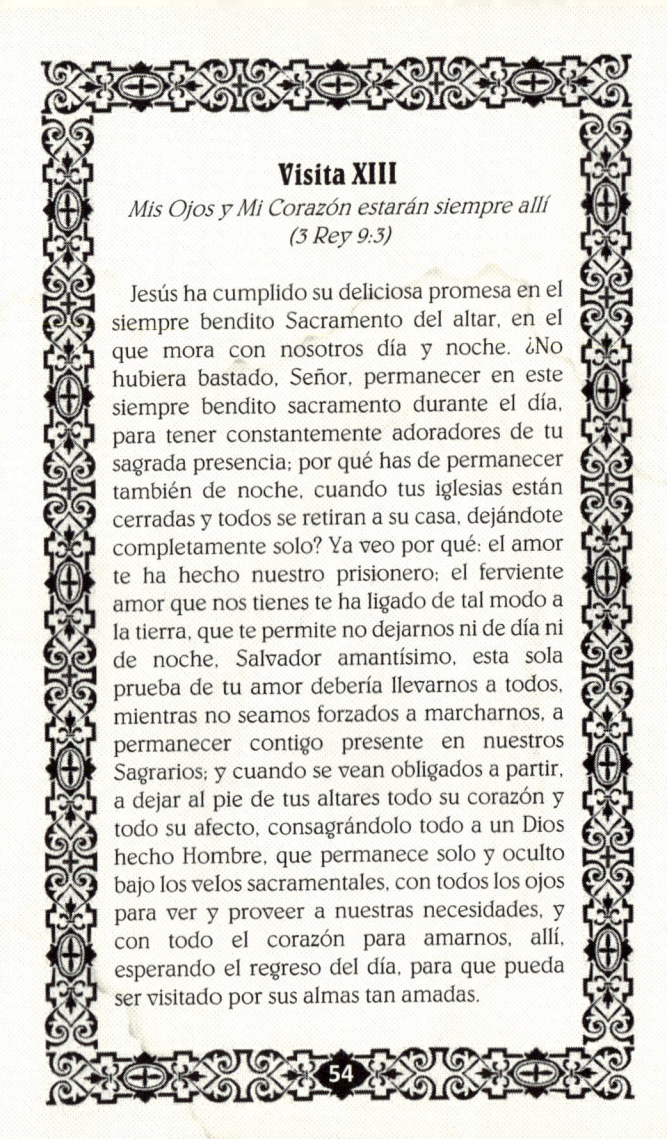

## **Visita XIII**
*Mis Ojos y Mi Corazón estarán siempre allí*
*(3 Rey 9:3)*

Jesús ha cumplido su deliciosa promesa en el siempre bendito Sacramento del altar, en el que mora con nosotros día y noche. ¿No hubiera bastado, Señor, permanecer en este siempre bendito sacramento durante el día, para tener constantemente adoradores de tu sagrada presencia; por qué has de permanecer también de noche, cuando tus iglesias están cerradas y todos se retiran a su casa, dejándote completamente solo? Ya veo por qué: el amor te ha hecho nuestro prisionero; el ferviente amor que nos tienes te ha ligado de tal modo a la tierra, que te permite no dejarnos ni de día ni de noche, Salvador amantísimo, esta sola prueba de tu amor debería llevarnos a todos, mientras no seamos forzados a marcharnos, a permanecer contigo presente en nuestros Sagrarios; y cuando se vean obligados a partir, a dejar al pie de tus altares todo su corazón y todo su afecto, consagrándolo todo a un Dios hecho Hombre, que permanece solo y oculto bajo los velos sacramentales, con todos los ojos para ver y proveer a nuestras necesidades, y con todo el corazón para amarnos, allí, esperando el regreso del día, para que pueda ser visitado por sus almas tan amadas.

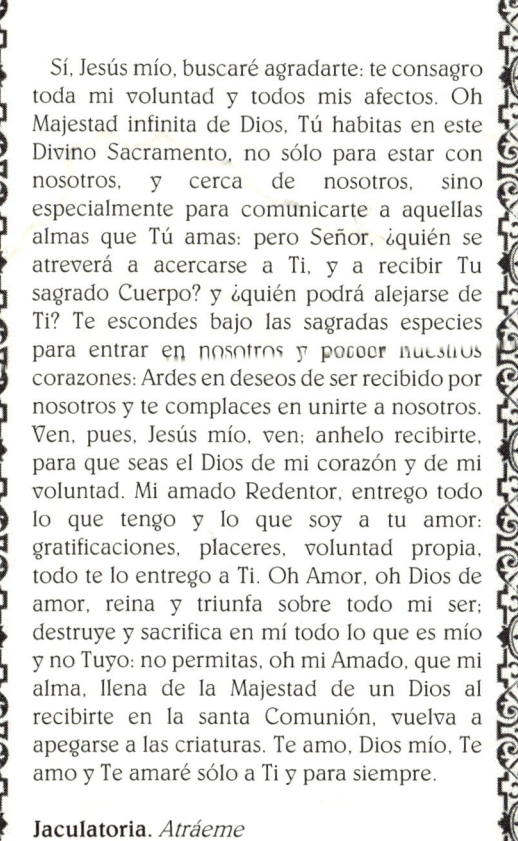

Sí, Jesús mío, buscaré agradarte: te consagro toda mi voluntad y todos mis afectos. Oh Majestad infinita de Dios, Tú habitas en este Divino Sacramento, no sólo para estar con nosotros, y cerca de nosotros, sino especialmente para comunicarte a aquellas almas que Tú amas: pero Señor, ¿quién se atreverá a acercarse a Ti, y a recibir Tu sagrado Cuerpo? y ¿quién podrá alejarse de Ti? Te escondes bajo las sagradas especies para entrar en nosotros y poseer nuestros corazones: Ardes en deseos de ser recibido por nosotros y te complaces en unirte a nosotros. Ven, pues, Jesús mío, ven; anhelo recibirte, para que seas el Dios de mi corazón y de mi voluntad. Mi amado Redentor, entrego todo lo que tengo y lo que soy a tu amor: gratificaciones, placeres, voluntad propia, todo te lo entrego a Ti. Oh Amor, oh Dios de amor, reina y triunfa sobre todo mi ser; destruye y sacrifica en mí todo lo que es mío y no Tuyo: no permitas, oh mi Amado, que mi alma, llena de la Majestad de un Dios al recibirte en la santa Comunión, vuelva a apegarse a las criaturas. Te amo, Dios mío, Te amo y Te amaré sólo a Ti y para siempre.

**Jaculatoria.** *Atráeme con las cadenas de Tu amor.*

## Decimotercera Visita a María

El consejo de San Bernardo es: "Busquemos la gracia, y busquémosla a través de María". "Ella es", dice San Pedro Damián, "el tesoro de las gracias divinas"; ella puede enriquecernos y desea hacerlo, por eso nos invita diciendo: "El que sea pequeño, que venga a mí". Señora digna de todo amor, Señora exaltadísima, Señora graciosísima, mira a un pobre pecador, que se dirige a ti y confía enteramente en ti.

**Jaculatoria.** *Volamos a tu patrocinio, ¡oh Santa Madre de Dios!*

## Visita XIV
*Este es mi reposo para siempre jamás: aquí habitaré, porque lo he escogido (Sal 131:14)*

Así, mi amado Jesús, Te oigo hablar desde el Tabernáculo, donde Tú estás presente. Si Tú, Señor, has escogido Tu morada en nuestros altares, permaneciendo en el siempre bendito Sacramento, y desde el trono que nos sostienes, encontrando allí Tu descanso, no es sino justo que nuestros corazones habiten siempre en afecto contigo, y encuentren allí toda su felicidad y reposo. Felices sois, oh almas amantes, que no halláis descanso más dulce en este mundo que en permanecer junto a vuestro Jesús oculto en el santísimo Sacramento. Y feliz seré yo también, oh Dios mío, si en adelante no encuentro mayor deleite que estar siempre en tu presencia, o pensando constantemente en Ti, que permaneces en el bendito Sacramento, pensando siempre en mí y en mi bien.

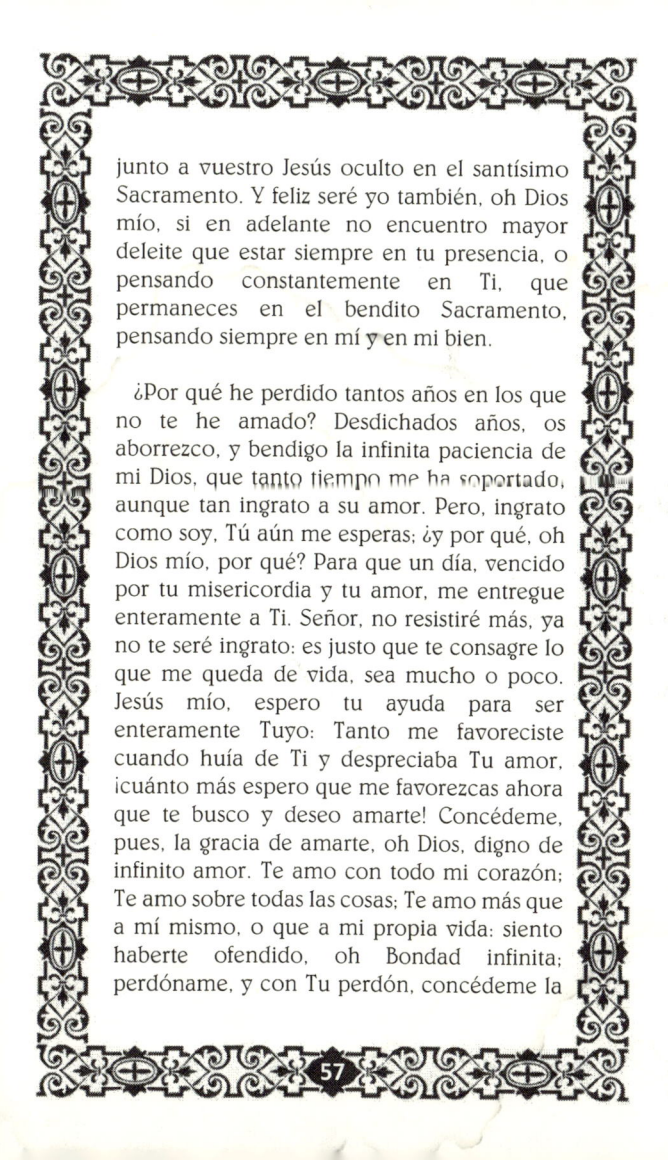

¿Por qué he perdido tantos años en los que no te he amado? Desdichados años, os aborrezco, y bendigo la infinita paciencia de mi Dios, que tanto tiempo me ha soportado, aunque tan ingrato a su amor. Pero, ingrato como soy, Tú aún me esperas; ¿y por qué, oh Dios mío, por qué? Para que un día, vencido por tu misericordia y tu amor, me entregue enteramente a Ti. Señor, no resistiré más, ya no te seré ingrato: es justo que te consagre lo que me queda de vida, sea mucho o poco. Jesús mío, espero tu ayuda para ser enteramente Tuyo: Tanto me favoreciste cuando huía de Ti y despreciaba Tu amor, ¡cuánto más espero que me favorezcas ahora que te busco y deseo amarte! Concédeme, pues, la gracia de amarte, oh Dios, digno de infinito amor. Te amo con todo mi corazón; Te amo sobre todas las cosas; Te amo más que a mí mismo, o que a mi propia vida: siento haberte ofendido, oh Bondad infinita; perdóname, y con Tu perdón, concédeme la gracia de amarte ardientemente hasta la muerte en este mundo, y por toda la Eternidad en el otro. Por tu poder, oh Dios Todopoderoso, muestra a esta tierra el maravilloso ejemplo de un alma tan ingrata como la mía que se vuelve fervientemente devota a Ti: concédelo, Jesús mío, por tus méritos. Esto deseo, y esto resuelvo hacer toda mi vida: Tú, que has inspirado este deseo, dame fuerza para cumplirlo.

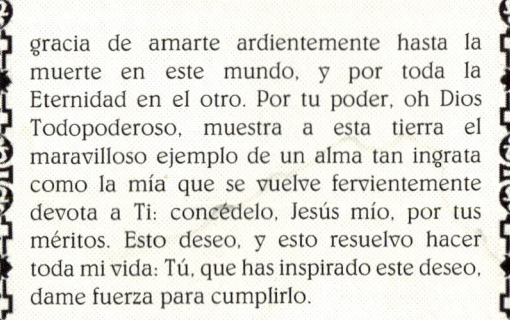

**Jaculatoria.** *Jesús mío, ite doy gracias por haberme esperado hasta ahora!*

## Decimocuarta Visita a María

San Germán, dirigiéndose a la santísima Virgen, dice: "Nadie puede salvarse si no es por ti; nadie puede librarse del mal si no es por ti; nadie puede obtener un don si no es por ti". Por tanto, benditísima Señora, Esperanza mía, si no me ayudas, estoy perdido, y nunca podré bendecirte en el Cielo. Pero oigo a todos los santos decir que nunca abandonas a los que recurren a ti; sólo están perdidos los que no acuden a ti. Yo, pues, miserable criatura que soy, recurro a ti, y en ti pongo todas mis esperanzas.

**Jaculatoria.** *Oh María, mira el peligro en el que me encuentro y ten piedad de mí.*

## **Visita XV**

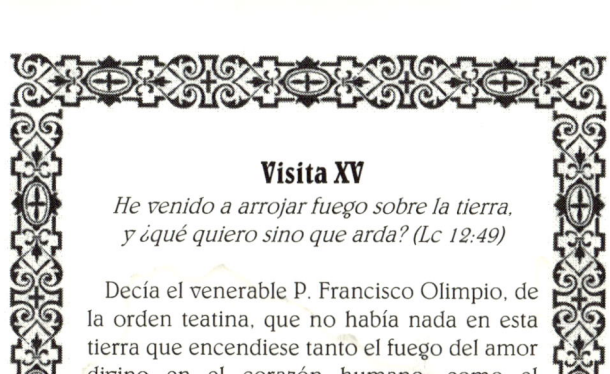

*He venido a arrojar fuego sobre la tierra, y ¿qué quiero sino que arda? (Lc 12:49)*

Decía el venerable P. Francisco Olimpio, de la orden teatina, que no había nada en esta tierra que encendiese tanto el fuego del amor divino en el corazón humano, como el santísimo Sacramento del altar, de ahí que nuestro Señor se mostrase en el bendito Sacramento, a Santa Catalina de Siena, como un horno de amor, del que salían torrentes de llamas divinas, que se extendían por todo el mundo, y hacían que la santa se preguntara cómo podían vivir los hombres sin arder de amor, a la vista del gran amor que Dios les tiene. Jesús mío, hazme arder de amor por Ti; haz que no piense, ni suspire, ni desee, ni busque otra cosa que a Ti. Feliz seré si éste, tu santo fuego, me posee por entero. A medida que mis años pasen, ¡que este fuego consuma felizmente en mí todos los afectos terrenales!

¡Oh Verbo Divino, Jesús mío! Te veo enteramente sacrificado, aniquilado y como destruido por mi causa en el altar; es justo, pues, que así como Tú te sacrificas, habiéndote hecho Víctima de amor por mí, yo me consagre enteramente a Ti. Sí, Dios mío, Señor soberano, hoy te sacrifico toda mi alma, todo mi ser, toda mi voluntad y toda mi vida. Oh Padre Eterno, uno este mi pobre sacrificio al sacrificio infinito que Jesús, tu Hijo y mi Salvador, hizo de sí mismo a Ti, una vez, en la cruz, y que ahora ofrece tantas veces cada día en nuestros altares. Acéptalo por los méritos de Jesús, y dame gracia para renovarlo cada día de mi vida, y para morir sacrificando todo mi ser a Tu honor. Deseo el favor concedido a tantos mártires de morir por Ti; pero si no soy digno de una gracia tan grande, complácete al menos, Señor, en permitirme sacrificar mi vida a Ti con perfecta disposición, aceptando cualquier muerte que me asignes. Señor, deseo esta gracia; deseo morir por Tu honor, y para complacerte, y desde este momento sacrifico mi vida a Ti, y te ofrezco mi muerte, cualquiera que sea, y cuando sea.

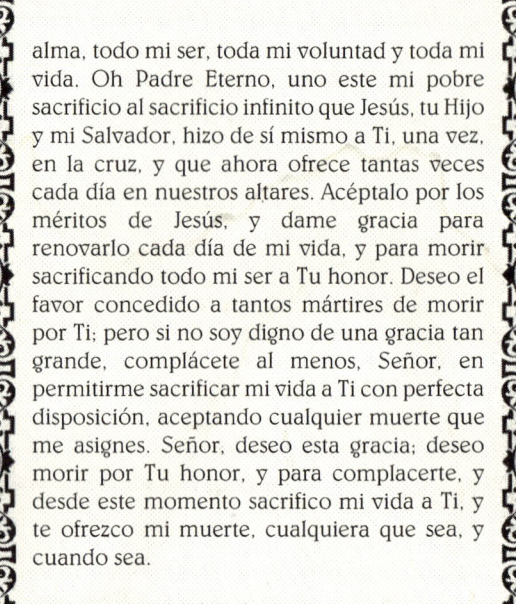

**Jaculatoria.** *Jesús mío,
¡quiero morir para agradarte!*

### Decimoquinta Visita a María.

Permíteme también, oh amadísima Señora, llamarte, con tu devoto siervo San Bernardo: "Todo el fundamento de mi esperanza", y junto con San Juan Damasceno, decir: "En ti he puesto toda mi esperanza". Tú has de obtener para mí el perdón de mis pecados, la perseverancia hasta la muerte y la liberación del purgatorio: todos los que se salvan alcanzan su salvación por tus medios, por tanto tú, oh María, debes salvarme. San Buenaventura dice que "quien tú quieras se salvará", ten entonces la voluntad de salvarme, y yo me salvaré; tú salvas a todos los que te invocan, mírame entonces, yo te invoco, y te digo:

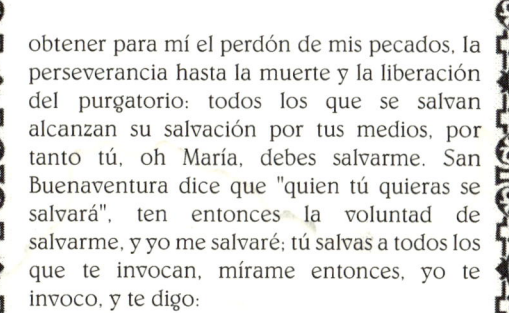

**Jaculatoria.** *Oh salvación de los que te invocan, ¡sálvame!*

## Visita XVI
*¿No hay bálsamo en Galaad? (Jer 8:22)*

Si los hombres acudieran siempre al santísimo Sacramento en busca del remedio de sus males, no serían tan desgraciados como ahora: el profeta Jeremías se lamenta de ello con las palabras del texto. Galaad, una montaña de Arabia rica en perfumes aromáticos, es, como observa el Venerable Bede, una figura de Jesucristo, Quien, en este Sacramento, ha preparado un remedio para todos nuestros males. Nuestro Redentor parece decirnos: "¿Por qué os quejáis, hijos de Adán, de vuestros sufrimientos, cuando tenéis en este Sacramento al Médico y la Cura de todos vuestros males? Venid a mí todos... y yo os aliviaré". Señor, te diré entonces, con las hermanas de Lázaro: "He aquí que está enfermo aquel a quien Tú amas" (Jn 11:3). Yo, oh Señor, soy la desdichada criatura a quien Tú amas; mi alma está cubierta de heridas por mis pecados pasados; vengo a Ti, mi Médico Divino, para que me cures, si Tú quieres puedes curarme; sana mi alma, porque he pecado contra Ti.

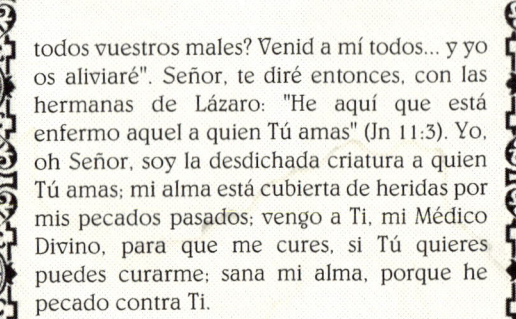

Atráeme enteramente a Ti, mi dulcísimo Jesús, por las encantadoras virtudes de tu amor: Prefiero estar unido a Ti que ser hecho Señor de toda la tierra; no deseo nada en este mundo sino amarte; tengo poco que darte, pero si pudiera tener todos los reinos del globo, los desearía sólo para renunciar a todos ellos por Ti. Te entrego, todo cuanto puedo: relaciones, comodidades, inclinaciones, incluso consuelos espirituales; a Ti entrego mi libertad, mi voluntad; y a Ti sacrifico todo lo que amo. Te amo, Bondad infinita; Te amo más que a mí mismo, y espero amarte por toda la Eternidad.

**Jaculatoria.** *Jesús mío, me entrego a Ti: dígnate aceptarme.*

## Decimosexta Visita a María.

Santísima Señora, dijiste a Santa Brígida: "Por mucho que peque un hombre, si acude a mí, con verdadero deseo de enmienda, inmediatamente estoy dispuesta a recibirlo a su regreso; no me importa cuánto haya pecado, sino con qué voluntad vuelva. No desdeño ungir y curar sus heridas, porque soy llamada, y verdaderamente lo soy, la Madre de Misericordia". Puesto que puedes curarme, y deseas hacerlo, recurro a ti; cura las profundas heridas de mi alma; una palabra tuya a tu Hijo bastará para obtener mi curación.

**Jaculatoria.** *Oh María, ten piedad de mí.*

## Visita XVII
*Señor, es bueno que estemos aquí (Mt 17:4)*

Si de verdad amamos a Jesús, mirad que ahora estamos en su presencia; Jesús, en el santísimo Sacramento, nos ve y nos oye: ¿no le diremos nada? Consolémonos en su compañía; regocijémonos en su gloria y en el amor que tantas almas devotas profesan al siempre bendito Sacramento; deseemos que todos puedan amar a Jesús bajo estos velos sacramentales y consagrarle sus corazones: dediquémosle, al menos, todos nuestros afectos, y que Él sea todo nuestro amor y todo nuestro deseo. El padre Salesio, de la Compañía de Jesús, se consolaba hablando sólo del santísimo Sacramento: Nunca podía visitarlo bastante; si le llamaban a la puerta, si volvía a su cuarto, si pasaba de una parte a otra de la casa, aprovechaba todas estas ocasiones para repetir las visitas a su amado Señor, de suerte que se observaba que apenas pasaba una hora del día sin que le visitase; y así al fin mereció la gracia del martirio de manos de los herejes, defendiendo la presencia real en el santísimo Sacramento. Ojalá tuviera yo también la dicha de morir por una causa tan noble como la de mantener la verdad de este Sacramento, en el que Tú, dulce Jesús, nos has dado a conocer la ternura del amor que nos tienes. Pero, Señor, ya que haces tantos milagros en este siempre bendito Sacramento, haz aún uno más: atráeme enteramente a Ti. Tú deseas que yo sea todo tuyo, y Tú lo mereces: concédeme la fuerza de amarte con todos los afectos de mi alma; da los bienes de este mundo a quien Tú quieras; yo renuncio a todos por Ti; suspiro y deseo sólo tu amor, sólo esto busco y buscaré siempre. Te amo, Jesús mío, haz que te ame siempre, y nada más que a Ti.

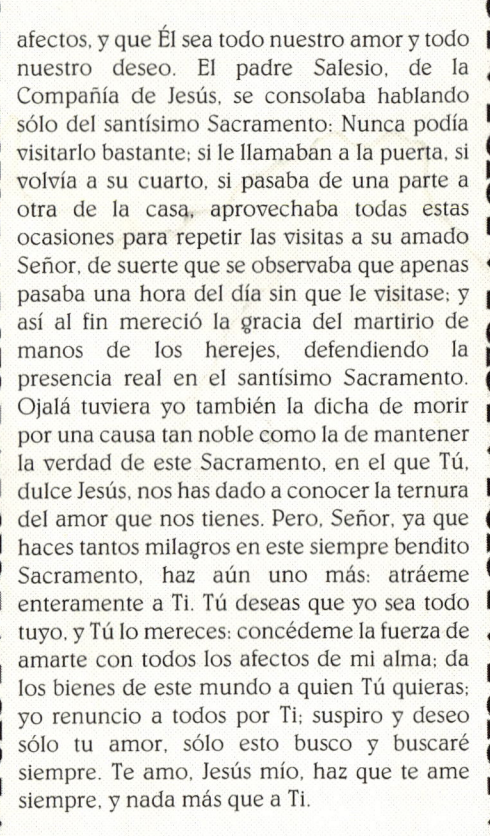

**Jaculatoria.** *Jesús mío, ¿cuándo te amaré de verdad?*

## Decimoséptima Visita a María.

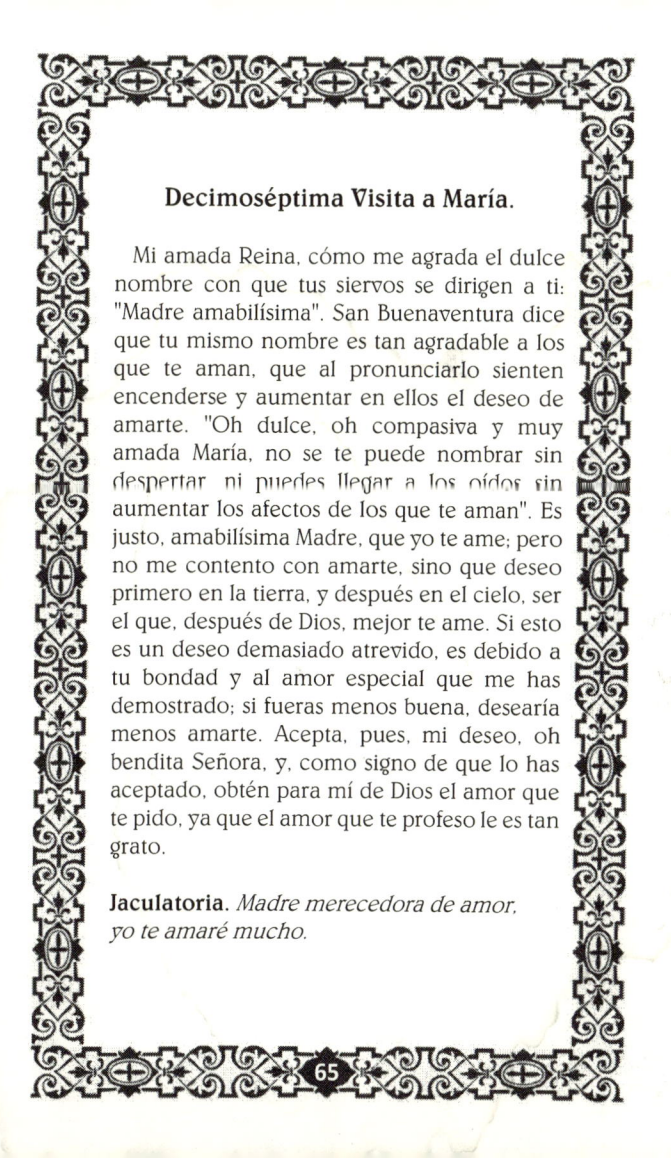

Mi amada Reina, cómo me agrada el dulce nombre con que tus siervos se dirigen a ti: "Madre amabilísima". San Buenaventura dice que tu mismo nombre es tan agradable a los que te aman, que al pronunciarlo sienten encenderse y aumentar en ellos el deseo de amarte. "Oh dulce, oh compasiva y muy amada María, no se te puede nombrar sin despertar, ni puedes llegar a los oídos sin aumentar los afectos de los que te aman". Es justo, amabilísima Madre, que yo te ame; pero no me contento con amarte, sino que deseo primero en la tierra, y después en el cielo, ser el que, después de Dios, mejor te ame. Si esto es un deseo demasiado atrevido, es debido a tu bondad y al amor especial que me has demostrado; si fueras menos buena, desearía menos amarte. Acepta, pues, mi deseo, oh bendita Señora, y, como signo de que lo has aceptado, obtén para mí de Dios el amor que te pido, ya que el amor que te profeso le es tan grato.

**Jaculatoria.** *Madre merecedora de amor, yo te amaré mucho.*

## Visita XVIII
*Te cantaré alabanzas ante los ángeles (Sal 137:1)*

Jesús se sentará un día en el valle de Josafat, en un trono de majestad, pero ahora está instalado en el Santísimo Sacramento, en un trono de amor. Si un Rey, para mostrar su amor a un pobre pastor, viniera a morar en su aldea, cuán grande sería la ingratitud del campesino si no visitara con frecuencia al monarca, sabiendo que moraba allí por el deseo que tenía de verle. Oh Jesús mío, bien sé que es por amor a mí que Tú permaneces en el santísimo Sacramento del altar: si fuera posible, con gusto permanecería en tu presencia noche y día. Si los ángeles, Señor, no cesan de rodearte, asombrados del amor que nos tienes, ¿no debo yo, viéndote en este Altar por mi causa, procurar agradarte permaneciendo ante Ti, alabando tu amor y bondad para conmigo? Te cantaré alabanzas a la vista de los ángeles; te adoraré en tu santo templo y glorificaré tu Nombre. Por Tu misericordia y por Tu verdad.

Oh Dios, oculto bajo las Especies sacramentales, Oh Pan de los Ángeles, Divino Señor, Te amo, pero ni Tú ni yo estamos satisfechos de mi amor; Te amo, pero Te amo demasiado poco; Jesús mío, hazme conocer la

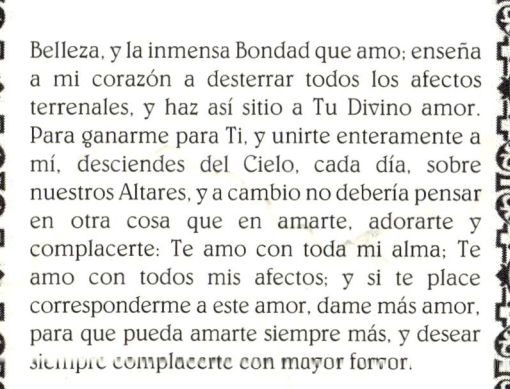

Belleza, y la inmensa Bondad que amo; enseña a mi corazón a desterrar todos los afectos terrenales, y haz así sitio a Tu Divino amor. Para ganarme para Ti, y unirte enteramente a mí, desciendes del Cielo, cada día, sobre nuestros Altares, y a cambio no debería pensar en otra cosa que en amarte, adorarte y complacerte: Te amo con toda mi alma; Te amo con todos mis afectos; y si te place corresponderme a este amor, dame más amor, para que pueda amarte siempre más, y desear siempre complacerte con mayor fervor.

**Jaculatoria.** *Jesús, que eres el amor mismo, ¡dame amor!*

### Decimoctava Visita a María.

Así como las pobres criaturas cuyas enfermedades les hacen ser rechazadas por todos no pueden encontrar refugio sino en los hospitales públicos, así los pecadores más desdichados, aunque alejados por todos, no son desechados por la piedad de María, a quien Dios ha designado para ser, en este mundo, el asilo, el refugio de los pecadores, como dice San Basilio: "Dios ha abierto un hospital público a los pecadores", y San Efrén la llama "el asilo de los pecadores". Si, pues, oh Reina del Cielo, recurro a ti, no puedes desecharme a causa de mis pecados; al contrario, cuanto más miserable soy, tanto más puedo esperar ser acogido bajo tu protección, puesto que Dios te creó como refugio de los más miserables. Por eso recurro a ti, oh María; me pongo bajo el manto de tu protección: tú eres el refugio de los pecadores, ¡sé tú mi refugio y mi esperanza de salvación! Si me rechazas, ¿a quién acudiré?

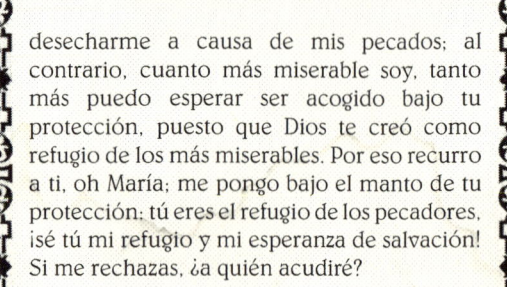

**Jaculatoria.** *María, mi refugio, ¡ayúdame!*

## Visita XIX
*Qué bueno es Dios con Israel (Sal 72:1)*

A todos nos es grato estar en compañía de un amigo muy querido, y ¿acaso no puede ser lo mismo para nosotros, en este valle de lágrimas, permanecer con nuestro mejor Amigo, que puede darnos todo lo que necesitamos, y que nos ama tan especialmente que permanece siempre con nosotros? Aquí, en el santísimo Sacramento, podemos hablar a Jesús cuanto queramos; podemos abrirle nuestro corazón, exponerle todas nuestras necesidades e implorar sus gracias: en resumen, podemos hablar al Rey del Cielo en este Sacramento con la mayor confianza y sin restricciones. José fue muy feliz cuando, como nos dice la Escritura, Dios bajó a su prisión para consolarlo con su gracia; pero nosotros somos aún más felices, porque tenemos con nosotros en este mundo miserable, a nuestro Dios hecho hombre, que, por su presencia real, nos ayuda todos los días de nuestras vidas con el mayor amor y compasión. Qué consuelo para un pobre preso tener un amigo afectuoso que converse con él, le consuele, le dé esperanza y ayuda, y trate de librarle de su miseria: tenemos aquí a Jesucristo, nuestro mejor Amigo, que nos anima en este Sacramento siempre bendito, diciendo: "He aquí que Yo estoy con vosotros todos los días" (Mt 28:20); "Yo estoy aquí", dice Él, "enteramente vuestro; Yo he venido del Cielo, a esta vuestra prisión, con el propósito de consolaros, y ayudaros, y liberaros; recibidme; permaneced Conmigo; aferraos a Mí; y así no sentiréis vuestras miserias, sino que llegaréis, al fin, a Mi Reino, donde Yo os haré completamente felices".

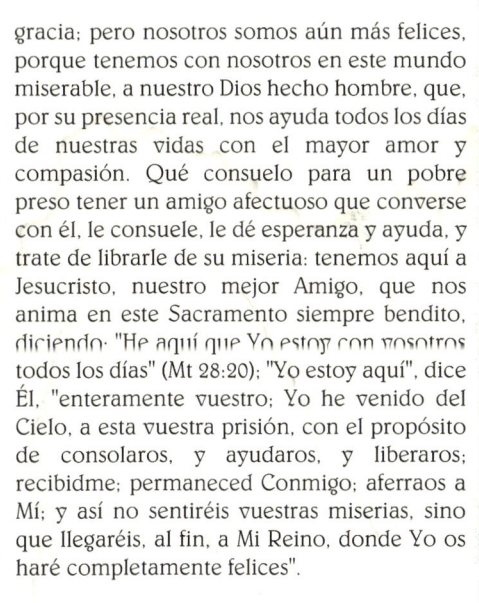

¡Oh Dios! ¡Oh Amor inescrutable! Puesto que Tú condesciendes graciosamente a bajar a nuestros altares para permanecer cerca de nosotros, estoy resuelto a visitarte a menudo; deseo gozar, tanto como me sea posible, de Tu dulcísima presencia, que constituye la felicidad de los santos en el Cielo. ¡Oh, si pudiera permanecer siempre ante Ti, adorándote y haciéndote actos de amor! Despierta mi alma, te lo suplico, cuando, por torpeza o preocupaciones terrenales descuide visitarte; enciende en mí un gran deseo de estar siempre cerca de Ti en este Divino Sacramento: ¡Oh Jesús mío, que siempre te ame, que siempre te complazca! Me consuela pensar que aún tengo tiempo de hacerlo, no sólo en la otra vida, sino también en ésta; y lo haré; te amaré de verdad, mi Bien supremo, mi Amado, mi Tesoro, mi Todo; ¡te amaré con todas mis fuerzas!

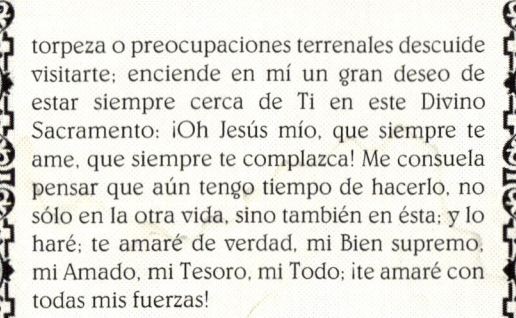

**Jaculatoria.** *Dios mío, ¡ayúdame a amarte!*

### Decimonovena Visita a María.

El devoto Bernardino da Busto dice: "Oh pecador, no desesperes, sino recurre con confianza a esta Señora; la encontrarás con las manos llenas de misericordia y bondad". Y añade: "Sabed que esta misericordiosa Reina más desea haceros bien de lo que vosotros deseáis recibir". Santísima Señora, doy gracias a Dios que me ha permitido conocerte: ¡qué desdichado sería si no te conociera, o si te olvidara, y malo sería para la salvación de mi alma! Oh Madre santísima, yo te bendigo, yo te amo, tan plenamente confío en ti que pongo toda mi alma en tus manos.

**Jaculatoria.** *Oh María, bienaventurado el que te conoce y confía en ti.*

## Visita XX

*En aquel día habrá una fuente abierta
para la casa de David
y para los habitantes de Jerusalén,
para purificar al pecador (Zac 13:1)*

Jesús en el Santísimo Sacramento es la Fuente anunciada por el profeta, abierta a todos, en la que podemos, en todo tiempo, limpiar nuestras almas de todas las manchas de pecado que diariamente contraemos. Cuando alguien cae en una falta, qué mejor remedio que recurrir inmediatamente al siempre bendito Sacramento. Sí, Jesús mío, esto me propongo hacer siempre, sabiendo como sé que las aguas de ésta, Tu fuente, no sólo me limpian, sino que también me dan luz y fuerza para preservarme de caer, y para permitirme llevar las cruces alegremente, y al mismo tiempo me animan en el amor a Ti. Sé que para esto esperas que te visite, y que recompensas con muchas gracias las visitas de los que te aman. Jesús mío, lávame ahora de todas las faltas que he cometido hoy; me duelen porque te han desagradado; dame fuerza para no caer más en ellas, dándome un ardiente amor a Ti. Ojalá pudiera estar siempre contigo, como tu fiel sierva María Díaz, que vivió en tiempos de Santa Teresa, y a quien el Obispo de Ávila permitió habitar en la tribuna de una iglesia, en la que casi incesantemente permanecía en presencia del Santísimo Sacramento, al que llamaba su prójimo, y del que casi nunca se separaba sino para confesarse y comulgar. El venerable padre Francisco del Niño Jesús, carmelita descalzo, no podía dejar de visitar el santísimo Sacramento, siempre que pasaba por una iglesia donde se custodiaba, diciendo que no convenía que un amigo pasase por la morada de su amigo sin entrar, al menos para saludarle y decirle algunas palabras; pero no se contentaba con unas pocas palabras, sino que permanecía siempre todo el tiempo que le era permitido, ante su amado Señor.

Mi único e infinito Bien, veo que Tú has instituido este Sacramento, y permaneces en este altar a propósito para ser amado por mí; para este fin me has dado un corazón capaz de amarte; ¿por qué, pues, soy tan ingrato como para no amarte, o amarte tan poco? No es justo que una bondad como la Tuya sea tan poco amada: el gran amor que Tú me das merece de mi parte una correspondencia muy diferente. Tú eres Dios, infinito en toda perfección, y yo soy un miserable gusano: poco sería morir por Ti, consumirme por Ti, que moriste por mí y te sacrificas diariamente en nuestros altares por amor a mí. Tú mereces ser muy amado, y yo te amaré mucho; ayúdame, Jesús mío, ayúdame a amarte, a hacer lo que tanto te agrada, y lo que Tú buscas de mí.

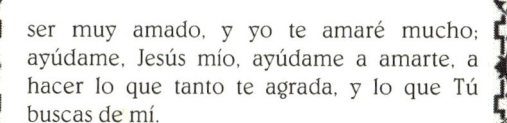

**Jaculatoria.** *Mi Amado es mío, y yo suyo.*

### Vigésima Visita a María.

Oh compasiva y amadísima Reina, con qué confianza me inspira San Bernardo cuando me dirijo a ti: dice que no escudriñas los méritos de los que recurren a tu piedad, sino que prometes ayudar a todos los que te ruegan. "María no examina los méritos, sino que escucha las oraciones de todos". Cuando te ruegue, escúchame entonces con misericordia, escucha mi súplica: Soy un pobre pecador que merece mil infiernos; quiero cambiar de vida; quiero amar a Dios, a quien tan profundamente he ofendido; me entrego a ti como un esclavo, indigno como soy, me entrego a ti; te imploro que salves a uno que es tuyo, y ya no suyo. Santísima Señora, ¿me habéis escuchado? Espero que sí y que me concedas mi plegaria.

**Jaculatoria.** *Oh María, soy tuyo, ¡sálvame!*

## Visita XXI

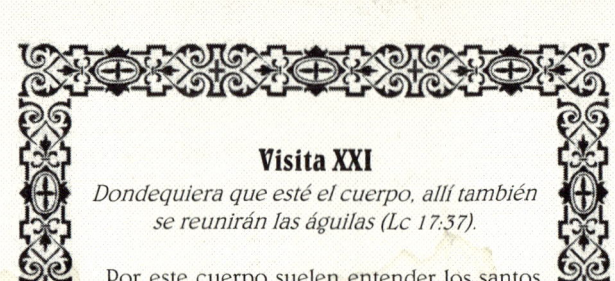

*Dondequiera que esté el cuerpo, allí también se reunirán las águilas (Lc 17:37).*

Por este cuerpo suelen entender los santos el de Jesucristo, y por las águilas las almas desprendidas de este mundo, que, como las águilas, se elevan por encima de las cosas de la tierra, y vuelan al cielo, adonde aspiran constantemente en pensamiento y afecto, y donde moran habitualmente. En la tierra, estas águilas tienen su paraíso allí donde encuentran a Jesús Sacramentado, de modo que parece que nunca se cansan de permanecer en su sagrada presencia. "Si -dice San Jerónimo- las águilas olfateando un cuerpo vienen a él desde lejos, ¿cuánto más nosotros estamos obligados a buscar a Jesús, a volar hacia Él en el siempre bendito Sacramento, como el más amado Alimento de nuestras almas?". De ahí que los santos hayan recurrido siempre, en este valle de lágrimas, a esta Fuente celestial, como el ciervo sediento busca el manantial de agua viva. El Padre Baltasar Álvarez, de la Compañía de Jesús, solía, en cualquier ocupación que se encontrara, volver frecuentemente los ojos hacia el lugar donde sabía que se guardaba el adorable Sacramento; lo visitaba a menudo, y a veces permanecía toda la noche ante Él. Lloraba al ver los palacios de los grandes llenos de personas que hacían la corte a un simple hombre, esperando obtener alguna miserable y perecedera ventaja, mientras que las iglesias, en las que mora el Soberano Gobernante del universo verdaderamente presente con nosotros en esta tierra, como en un trono de amor, y rico en inmensos y eternos tesoros, estaban desiertas y vacías. Él solía decir que las personas en las casas religiosas eran demasiado dichosas por poder visitar a su amado Señor, presente bajo su techo, tantas veces como quisieran, de noche o de día, cosa que las personas que viven en el mundo no pueden hacer.

Mi amado Señor, ya que me llamas con tan infinita bondad a acercarme a Ti, aunque me ves tan despreciable y tan ingrato a tu amor, no dejaré que mi indignidad me desanime; vendré y me pondré ante Ti; cámbiame por completo; aleja de mí todo amor que no sea de Ti, todo deseo que no te agrade, todo pensamiento que no tienda a Ti. Jesús mío, mi Amado, mi Tesoro, mi Todo, sólo a Ti satisfaré y sólo a Ti complaceré; sólo Tú mereces mi amor y sólo a Ti amaré con todo mi corazón. Despréndeme de todo lo demás, mi amado Señor, y átame sólo a Ti; pero átame para que nunca más me separe de Ti, ni en esta vida ni en la otra.

**Jaculatoria.** *Dulcísimo Jesús mío,
no permitas que jamás me separe de Ti.*

### Vigesimoprimera Visita a María.

Dionisio, el Cartujo, llama a la siempre bendita Virgen "la Abogada de todos los pecadores que acuden a ella"; dado que, oh poderosa Madre de Dios, defiendes la causa de los criminales más culpables que recurren a ti, mírame ahora a tus pies; me dirijo a ti, y digo, con Santo Tomás de Villanueva: "Oh, vuélvete, pues, hacia mí, abogada clementísima, y cumple tu oficio", asume mi causa. En efecto, he sido demasiado culpable para con mi Dios, le he ofendido profundamente, a pesar de las muchas gracias y bendiciones que me ha concedido; el mal ha sido cometido, pero tú, oh María, puedes rescatarme; no tienes más que decir a Dios que tú me proteges, y seré perdonado y salvado.

**Jaculatoria.** *Mi amada Madre,
¡a ti te corresponde rescatarme!*

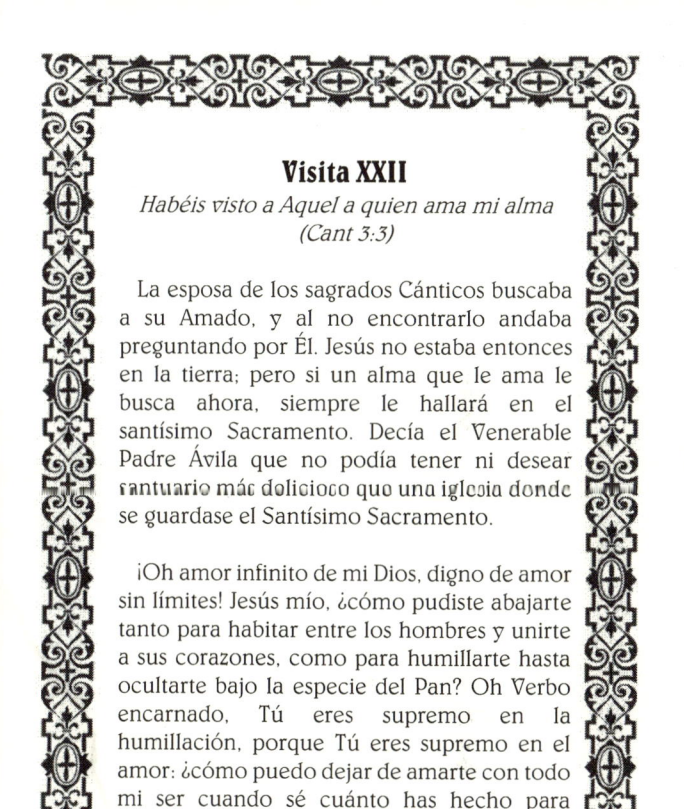

## Visita XXII

*Habéis visto a Aquel a quien ama mi alma*
*(Cant 3:3)*

La esposa de los sagrados Cánticos buscaba a su Amado, y al no encontrarlo andaba preguntando por Él. Jesús no estaba entonces en la tierra; pero si un alma que le ama le busca ahora, siempre le hallará en el santísimo Sacramento. Decía el Venerable Padre Ávila que no podía tener ni desear santuario más delicioso que una iglesia donde se guardase el Santísimo Sacramento.

¡Oh amor infinito de mi Dios, digno de amor sin límites! Jesús mío, ¿cómo pudiste abajarte tanto para habitar entre los hombres y unirte a sus corazones, como para humillarte hasta ocultarte bajo la especie del Pan? Oh Verbo encarnado, Tú eres supremo en la humillación, porque Tú eres supremo en el amor: ¿cómo puedo dejar de amarte con todo mi ser cuando sé cuánto has hecho para unirme a Ti por el amor? Te amo de verdad, y por eso prefiero tu complacencia a todos los intereses o satisfacciones propias; ¡mi complacencia es agradarte a Ti, mi Jesús, mi Dios, mi Amado, mi Todo! Infunde en mí un ardiente deseo de estar siempre ante Ti, oculto bajo estos velos sacramentales, para recibirte, para conversar contigo; sería muy ingrato si no aceptara tus dulces y graciosas invitaciones. Señor, destruye en mí todo afecto a las cosas creadas; Tú quieres que Tú, mi Creador, seas el único Objeto de todo mi amor: Te amo, oh bondad insuperable de mi Dios, no busco otra cosa que a Ti, no deseo ninguna satisfacción propia, me basta con agradarte a Ti. Jesús mío, acepta este buen deseo de un pecador que desea amarte; ayúdame con tu gracia, y, de miserable esclavo del infierno, haz de mí, en adelante, un feliz esclavo de tu amor.

**Jaculatoria.** *Jesús, mi único Bien, ¡Te amo por encima de todos los demás bienes!*

## Vigesimosegunda Visita a María.

Dulce Señora, mi bendita Madre, he sido un vil rebelde a tu adorable Hijo, pero ahora vengo, arrepentido, a buscar tu piedad, para que obtengas mi perdón. No digas que no puedes ayudarme, pues San Bernardo te llama "Ministra de propiciación", y San Efrén "Auxiliadora de todos los que están en peligro"; Señora benditísima, ¿quién está en mayor peligro que yo? He perdido a Dios; he merecido ser condenado al infierno, no sé si Dios me ha perdonado todavía, y puedo perderle de nuevo, pero tú puedes conseguirlo todo para mí, y de ti espero todo bien, el perdón, la perseverancia, el cielo. Espero estar entre los que, en el Reino de los bienaventurados, oh María, más alabarán tu misericordia, cuando, por tu intercesión, haya obtenido la salvación.

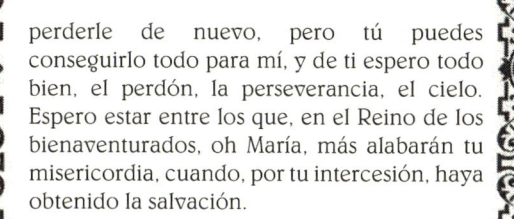

**Jaculatoria.** *Cantaré eternamente las misericordias de María; eternamente las cantaré. Amén.*

## Visita XXIII
*El que me encuentre, encontrará la vida (Prov 8:35)*

Muchos cristianos pasan grandes fatigas y corren innumerables peligros para visitar los lugares de Tierra Santa donde nació, padeció y murió nuestro Salvador. Nosotros no necesitamos viajar tan lejos, ni emprender tales misiones, porque el mismo Señor está cerca de nosotros; Él habita en nuestras iglesias, a pocos pasos quizás de nuestras casas. Si, como dice San Paulino, los peregrinos se consideran muy afortunados por poder traer de aquellos santos lugares un poco de polvo del Pesebre en que fue acostado Jesús, o del Sepulcro en que fue sepultado, ¿con qué afán deberíamos visitar el santísimo Sacramento, donde ese mismo

Salvador habita en persona, ya que podemos hacerlo sin esfuerzo y sin peligro? Un religioso a quien Dios había dado un gran amor al santísimo Sacramento escribió, en una carta, entre otros sentimientos: "He visto que todo mi bien me viene del santísimo Sacramento. Me he entregado y consagrado enteramente a Jesús, oculto bajo estos velos sacramentales; veo una multitud innumerable de gracias que no se dan, porque nadie acude a este Divino Sacramento; contemplo el gran deseo que Dios tiene de distribuir sus gracias en el siempre bendito Sacramento. ¡Oh santo Misterio, oh sagrada Hostia! ¿En qué se manifiesta más el poder de Dios? En esta Hostia está todo lo que Dios ha hecho por nosotros; no tenemos que envidiar a los bienaventurados del Cielo, pues tenemos en la tierra al mismo Divino Señor con mayores maravillas de su amor. Procura que todos aquellos a quienes hables se entreguen por entero al adorable Sacramento. Hablo así porque este Sacramento me lleva más allá de mí mismo: No puedo dejar de hablar del santísimo Sacramento, que tanto merece ser amado. No sé qué hacer por Jesús oculto en este Divino Sacramento". Y con estas palabras termina la carta.

Oh vosotros, Serafines, que, dulcemente encendidos de amor, rodeáis a vuestro Dios y al mío, este Rey del Cielo se complace en morar en el adorable Sacramento, no por vuestro bien, sino por el mío; dejadme, pues, arder de amor. Oh ángeles amorosos, inflamad mi corazón con vuestro amor, para que yo también arda de amor como vosotros. Oh Jesús mío, hazme conocer la grandeza del amor que Tú das a los hombres, para que así mi deseo de amarte y complacerte aumente constantemente a la vista de tanto amor. Te amo, mi amado Señor, y te amaré siempre, y esto sólo para agradarte.

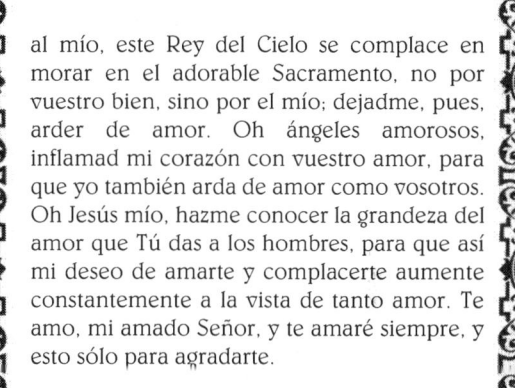

**Jaculatoria.** *Jesús mío, en Ti creo, en Ti espero, a Ti amo, a Ti me entrego.*

### Vigésima tercera Visita a María.

Virgen dignísima de amor, San Buenaventura te llama "la Madre de los huérfanos", y San Efrén "la protectora de los huérfanos";' estos desdichados huérfanos no son, ¡ay! otra cosa que pobres pecadores, que han perdido a Dios. He aquí, pues, que recurro a ti, María Santísima: He perdido a mi Padre, pero tú eres mi Madre y puedes devolvérmelo. En esta mi pesada desgracia te llamo en mi ayuda, ¡ayúdame! ¿Debo permanecer desconsolado? No. Hablando de ti, dice el Papa Inocencio III: "¿Quién la ha invocado y no ha sido escuchado por Ella?". ¿Quién te ha rezado alguna vez, oh María, y no lo has escuchado y bendecido? ¿Quién se ha perdido alguna vez que haya recurrido a ti? Los que no recurren a ti son los que están perdidos: Oh Reina mía, si quieres salvarme, haz que siempre te invoque y confíe en ti.

**Jaculatoria.** *Santísima María, ¡obtenme una gran confianza en ti!*

## Visita XXIV
*En verdad eres un Dios oculto (Is 45:15)*

En ninguna otra obra del amor divino se verifican tan plenamente estas palabras como en este adorable Misterio del santísimo Sacramento, en el que nuestro Dios está tan enteramente oculto. El Verbo Eterno ocultó su Divinidad cuando asumió un Cuerpo y apareció como Hombre en la tierra; pero al permanecer con nosotros en este augusto Sacramento, Jesús oculta también su naturaleza humana y, como dice San Bernardo, aparece sólo bajo la forma de pan, para mostrar la ternura de su amor por nosotros: "Su Divinidad se oculta, la Humanidad se esconde, sólo aparecen las entrañas de la caridad". Oh mi amado Redentor, al ver el gran afecto que tienes por el hombre estoy fuera de mí, y no sé qué decir; es por su causa que en este santísimo Sacramento escondes tu Majestad, que rebajas tu Gloria, e incluso destruyes y aniquilas tu Vida Divina. Mientras permaneces en nuestros altares parece que no haces otra cosa que amar al hombre, y mostrarle el amor que le tienes: ¿y qué te devolvemos, oh gran Hijo de Dios? Oh Jesús, Amante de la humanidad, Amante demasiado apasionado, si puedo aventurarme a decirlo, ya que Te veo poner su beneficio por encima de Tu propio honor, ¿no sabías a qué insultos Te expondría Tu amoroso designio? Veo, y Tú viste desde el principio, que la mayor parte de la humanidad no Te adora, ni reconocerá Tu Presencia en este santísimo Sacramento. Sé que estos mismos hombres han pisoteado las Hostias consagradas y las han arrojado al suelo, al agua o al fuego; y veo que demasiados, incluso de los que creen en Ti, mi Dios, en lugar de reparar con su homenaje estos terribles ultrajes, vienen a Tus iglesias sólo para ofenderte con su irreverencia, o bien te dejan sin visitar en Tus altares, e incluso a veces sin lámparas ni los ornamentos necesarios.

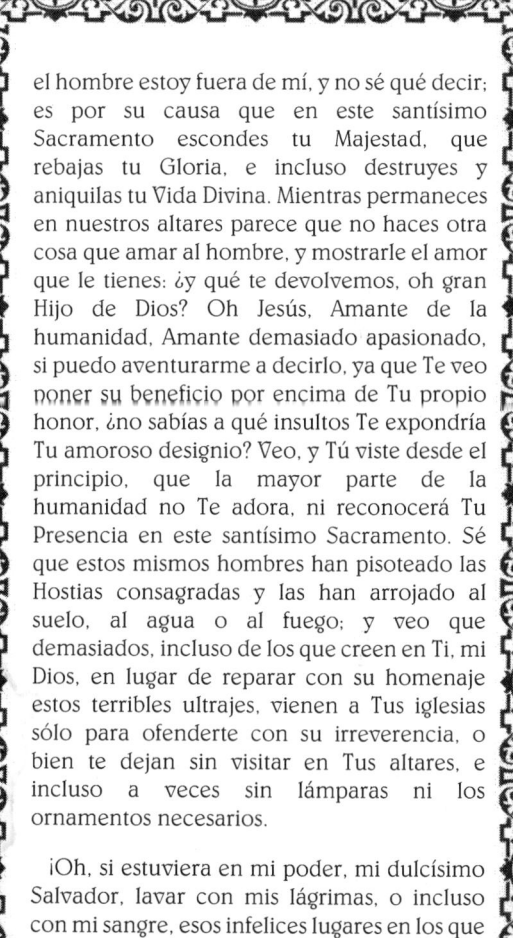

¡Oh, si estuviera en mi poder, mi dulcísimo Salvador, lavar con mis lágrimas, o incluso con mi sangre, esos infelices lugares en los que

Tu amoroso Corazón, y el amor que nos tienes, han sido, en este Sacramento, tan ultrajados! Si tan gran favor no me es concedido, al menos deseo, mi amado Señor, y resuelvo, visitarte a menudo, para adorarte como ahora lo hago, en expiación por los insultos que recibes de los hombres en este Divino Misterio. Acepta, oh Padre Eterno, este pobre homenaje que yo, el más indigno de todos los hombres, te ofrezco en este día, en reparación de las injurias hechas a tu Hijo en el Santísimo Sacramento; acéptalo en unión del honor infinito que Jesucristo te rindió en la Cruz, y que te rinde diariamente en el Santísimo Sacramento. Oh Jesús mío, escondido bajo estas especies sacramentales, ojalá pudiera hacer amar a toda la humanidad este siempre adorable Sacramento.

**Jaculatoria.** *Oh Jesús, digno de todo amor, ¡date a conocer y hazte amar!*

### Vigésima cuarta Visita a María.

Poderosísima Señora, qué confianza siento, en medio de los temores que surgen por mi salvación eterna, cuando recurro a ti, y cuando reflexiono que tú, mi Madre, eres tan rica en gracia que San Juan Damasceno te llama "un océano de gracias", San Buenaventura "la fuente en la que se recoge toda la gracia", San Efrén "una fuente de gracia y todo consuelo" y San Bernardo "la plenitud de todo bien". San Efrén, "fuente de gracia y de todo consuelo", y San Bernardo, "la plenitud de todo bien"; y cuando, al mismo tiempo, recuerdo que estás tan deseosa de hacer el bien que, como dice San Buenaventura, te consideras ofendida por aquellos que no buscan bendiciones en ti. "Pecan contra ti, santa Señora, los que no te piden". Oh Reina riquísima, sapientísima, misericordiosísima, estoy convencido de que conoces las necesidades de mi alma mejor que yo mismo, y me amas mejor de lo que yo puedo amarme a mí mismo; ¿conoces, pues, la bendición que hoy te pido? Consígueme la gracia que sabes que es más conveniente para mi alma; obténmela de Dios, y estaré saciado.

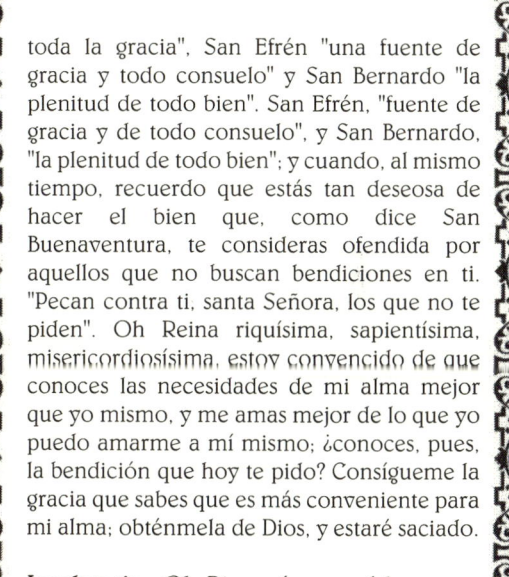

**Jaculatoria.** *Oh Dios mío, concédeme esas gracias que María solicita para mí.*

## Visita XXV
*Se humilló a sí mismo, haciéndose obediente hasta la muerte (Fil 2:8)*

San Pablo alaba la obediencia de Jesucristo, diciendo que obedeció a su Padre Eterno hasta la muerte; pero en este augusto Sacramento ha ido aún más lejos, pues se ha complacido en hacerse obediente no sólo a su Padre Eterno, sino también a los hombres; y no sólo hasta la muerte, sino mientras dure el mundo: puede decirse que se ha hecho obediente hasta la consumación de los siglos. Él, el Rey de Gloria, desciende del Cielo en obediencia al hombre, y parece que se queda en nuestros altares a propósito para obedecer al hombre: "Yo no me resisto" (Is 1:5). Permanece allí inmóvil, dejando que le pongan donde quieran, bien expuesto, bien encerrado en el sagrario; se deja llevar a donde quieran, por las casas o las calles; permite que le den en la sagrada Comunión, ya sea a los buenos o a los pecadores. San Lucas nos dice que, mientras vivió en la tierra, obedeció a la Santísima Virgen y a San José, pero en este gran Sacramento obedece a tantas criaturas como sacerdotes hay en la tierra. No me resisto.

Permíteme ahora hablarte, oh amantísimo Corazón de mi Jesús, de donde han manado todos los Sacramentos, y especialmente este Sacramento de amor; con gusto te daría tanto honor y gloria como Tú, bajo estas sagradas especies das, en nuestras iglesias, a tu Eterno Padre. Sé que en este altar me amas con el mismo amor con que entregaste por mí Tu Divina Vida, con tan amargo sufrimiento en la

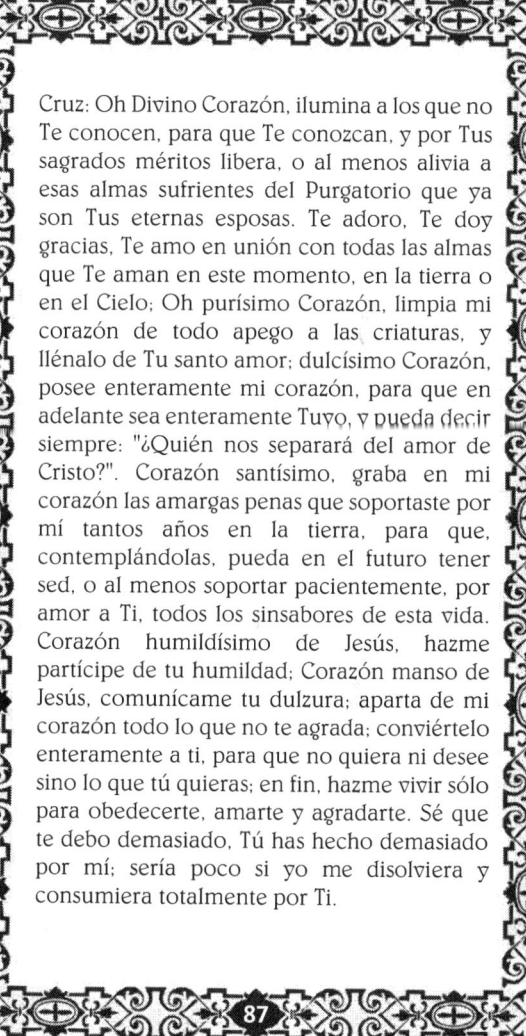

Cruz: Oh Divino Corazón, ilumina a los que no Te conocen, para que Te conozcan, y por Tus sagrados méritos libera, o al menos alivia a esas almas sufrientes del Purgatorio que ya son Tus eternas esposas. Te adoro, Te doy gracias, Te amo en unión con todas las almas que Te aman en este momento, en la tierra o en el Cielo; Oh purísimo Corazón, limpia mi corazón de todo apego a las criaturas, y llénalo de Tu santo amor; dulcísimo Corazón, posee enteramente mi corazón, para que en adelante sea enteramente Tuyo, y pueda decir siempre: "¿Quién nos separará del amor de Cristo?". Corazón santísimo, graba en mi corazón las amargas penas que soportaste por mí tantos años en la tierra, para que, contemplándolas, pueda en el futuro tener sed, o al menos soportar pacientemente, por amor a Ti, todos los sinsabores de esta vida. Corazón humildísimo de Jesús, hazme partícipe de tu humildad; Corazón manso de Jesús, comunícame tu dulzura; aparta de mi corazón todo lo que no te agrada; conviértelo enteramente a ti, para que no quiera ni desee sino lo que tú quieras; en fin, hazme vivir sólo para obedecerte, amarte y agradarte. Sé que te debo demasiado, Tú has hecho demasiado por mí; sería poco si yo me disolviera y consumiera totalmente por Ti.

**Jaculatoria.** *Oh Corazón de Jesús, Tú eres el único Señor de mi corazón.*

### Vigésima quinta Visita a María.

San Bernardo dice que María es el arca celestial en la que, si nos refugiamos a tiempo, nos salvaremos ciertamente del naufragio de la condenación eterna: "Ella es el Arca en la que escaparemos del naufragio". El arca en la que Noé escapó de la destrucción que cayó sobre todo el resto del mundo era una figura de María; pero Eusebio dice que ella es un arca aún más grande, más fuerte y más misericordiosa: en la de Noé unos pocos hombres y unas pocas bestias fueron recibidos y salvados; pero María recibe a todos los que se cobijan bajo su manto, y asegura su salvación. Mereceríamos lástima si no tuviéramos a María. Y sin embargo, oh gran Reina, ¡cuántos se pierden! ¿Por qué? Porque no recurren a ti, pues ¿quién se perdería si acudiera a ti?

**Jaculatoria.** *Santísima María, haz que todos vuelen siempre hacia ti.*

## Visita XXVI

*Alegraos y alabad, oh moradores de Sión,
porque grande es el que está
en medio de vosotros, el Santo de Israel (Is 12:6)*

Oh Dios mío, ¡qué alegría debemos sentir, qué esperanza, qué amor, al saber que en la tierra que nos vio nacer, en nuestras iglesias, y cerca de nuestros hogares, el Santo de los Santos, el Dios verdadero, habita en el Sacramento adorabilísimo del altar! Aquel Cuya Presencia constituye la felicidad de los santos en el Cielo, Aquel Que es el amor mismo. San Bernardo dice que "Él mismo es Amor, más que uno que tiene amor". Este augusto Sacramento no es sólo un Sacramento de amor, es el Amor mismo, el mismo Dios, que, por el inmenso amor que tiene a sus criaturas, se llama y es Amor: Dios es caridad (1 Jn 4:8). Pero, Jesús mío, oculto bajo estos velos, te oigo quejarte: Fui forastero, y no me acogiste (Mt 25:43); que viniste a la tierra por nosotros, para ser nuestro Huésped, y que no te hemos recibido. Es verdad, oh Señor, es demasiado verdad, y yo soy una de esas criaturas ingratas que Te han dejado solo, sin siquiera visitarte: castígame de la manera que te plazca, pero no con el castigo que merezco, el de ser privado de Tu Presencia. No; corregiré la negligencia que Te he mostrado; en adelante no sólo Te visitaré tan frecuentemente como pueda, sino que permaneceré el mayor tiempo posible en Tu sagrada Presencia: misericordiosísimo Salvador, hazme fiel a Ti, y que mi ejemplo anime a otros a visitarte en Tu adorable Sacramento. El Padre Eterno ha dicho: " Este es mi Hijo amado, en quien me complazco (Mt 17:5); Dios encuentra entonces en Ti todo Su deleite, ¿y no se deleitará un miserable gusano como yo en permanecer ante Ti mientras estoy en este valle de lágrimas? Oh Fuego consumidor, destruye en mí todo afecto a las cosas creadas, pues sólo ellas pueden hacerme infiel, y mantenerme alejado de Ti: Tú puedes hacer esto si quieres: Señor, si quieres, Tú puedes limpiarme (Mt 8:2). Tú que ya me has dado tanto, concédeme este favor más; destierra de mi corazón todo amor que no tienda a Ti; yo me entrego enteramente a Ti, y dedico ahora lo que pueda quedar de mi vida a amarte en el siempre bendito Sacramento. Tú, Jesús mío, que estás aquí presente como mi Consuelo y mi Amado durante mi vida, en el momento de mi muerte vendrás a mí como mi Viático y me guiarás a tu Reino celestial. Amén. Así lo espero, y que así sea. Amén.

**Jaculatoria.** *Oh Jesús mío, ¿cuándo contemplaré Tu Rostro?*

### Vigésima sexta Visita a María.

En ti, Madre santísima, encontramos el remedio a todos nuestros males; en ti hallamos la fuerza en nuestra debilidad, como dice san Germán; tú eres la puerta por la que podemos escapar de la esclavitud del pecado, como dice san Buenaventura; y en ti hallamos nuestra paz segura, pues el mismo santo te llama "el Descanso de todos los hombres". Tú eres el consuelo de nuestras miserables vidas, como dice San Lorenzo Justiniano; en resumen, en ti encontramos la gracia divina y a Dios mismo, pues San Buenaventura te llama "el trono de la gracia de Dios", y como dice Procopio, tú eres "un puente por el que Dios descendió hasta el hombre; un puente feliz, por el que Dios, que fue expulsado por nuestros pecados, vuelve, por su gracia, a habitar en nuestras almas".

**Jaculatoria.** *Oh María, sé tú mi fuerza, mi libertad y mi refugio, mi paz y mi seguridad.*

## Visita XXVII

*No hay otra nación tan grande que tenga dioses tan cercanos a ella como nuestro Dios, que está presente a todas nuestras peticiones (Deut 4:7)*

La Santa Iglesia canta estas palabras de la Escritura en el Oficio del Santísimo Sacramento. Los paganos, al oír los efectos del amor de Dios hacia el hombre, han exclamado: "¡Oh, qué Dios tan bueno es este Dios de los cristianos!". Y en realidad, aunque los paganos imaginaron dioses según sus propios caprichos, sin embargo, leyendo sus leyendas encontramos que entre tantas fábulas, y entre los numerosos dioses que inventaron, ninguno de ellos imaginó jamás un Dios que amara a la humanidad como lo hace nuestro Dios verdadero, Quien, para mostrar Su amor por Sus adoradores, y para enriquecerlos con Sus gracias, ha obrado tal milagro de amor que se ha hecho nuestro Compañero perpetuo, escondido en nuestros altares noche y día, como si no pudiera separarse de nosotros ni un solo momento. "Ha hecho memoria de sus maravillosas obras" (Sal 110:4). Jesús mío, Te has complacido entonces en obrar Tu mayor milagro para satisfacer el excesivo deseo que tenías de estar siempre cerca de nosotros. ¿Por qué entonces los hombres siguen huyendo de Tu Presencia, cómo pueden vivir tanto tiempo alejados de Ti, o venir tan pocas veces a visitarte? Si permanecen un cuarto de hora, su cansancio hace que parezca una eternidad. ¡Oh paciencia de mi Jesús, cuán grande eres! Te comprendo, Señor, tu paciencia es grande porque grande es el amor que tienes al hombre, y esto es lo que te lleva a permanecer perpetuamente en medio de tanta ingratitud.

Oh Dios mío, que siendo infinito en perfección eres también infinito en amor, ¡permíteme no pertenecer más a este número de ingratos, como hasta ahora he sido! Concédeme un amor como el que Tú mereces y como el que debo sentir: yo también me he sentido fatigado en Tu Presencia, porque no Te amaba o Te amaba demasiado poco; pero si, por Tu gracia, llego a amarte ardientemente, no me parecerán largos los días y las noches enteros pasados a Tus pies en el adorable Sacramento. Oh Padre Eterno, te ofrezco a Tu Hijo mismo; acéptalo, y por Sus méritos dame un amor tan ardiente y sincero hacia el siempre bendito Sacramento que, fijando mis pensamientos en alguna iglesia donde Él habite sacramentalmente, pueda siempre desear fervientemente que llegue el feliz momento en que pueda presentarme ante Su sagrada Presencia.

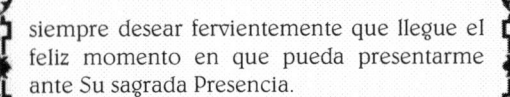

**Jaculatoria.** *Dios mío, por Jesucristo, ¡dame un gran amor por el Santísimo Sacramento!*

### Vigésima séptima Visita a María.

María es la Torre de David, de la que el Espíritu Santo dice, en el libro de los Cánticos, que está repleta de baluartes: mil rodelas cuelgan de ella, toda una armadura de hombres valientes. Es una torre provista de almenas, defensas y armas para proteger a los que recurren a ella. Por eso, oh santa María, eres, como te llama san Ignacio mártir, "un refugio bien fortificado para los que salen a la batalla". Oh amada Señora, ¡qué continuos ataques me hacen mis enemigos para privarme de la gracia de Dios y de tu protección! Pero tú eres mi fuerza: no desdeñas luchar por los que confían en ti, pues San Efrén te llama "la defensora de los que confían en ti". Defiende y lucha por mí, que tan firmemente confío y espero en ti.

**Jaculatoria.** *María, María, tu nombre es mi defensa.*

## Visita XXVIII

*El que no escatimó ni a su propio Hijo, sino que lo entregó por todos nosotros, ¿cómo no nos dará también con Él todas las cosas? (Rom 8:32)*

Ya que Dios nos ha dado a Su propio Hijo, ¿cómo podemos temer, pregunta San Pablo, que nos niegue algo? Ya sabemos que el Padre Eterno ha dado a Jesucristo todo lo que tiene: "Sabiendo que el Padre había puesto todas las cosas en sus manos" (Jn 13.3). Agradezcamos, pues, siempre la bondad, misericordia y generosidad de nuestro amoroso Dios, que se ha complacido en enriquecernos con todo bien y toda gracia, dándonos a Jesús en el santísimo Sacramento del altar. "En todo habéis sido enriquecidos en Él... de modo que nada os falta en ninguna gracia" (1 Cor 1:5,7).

Por eso, oh Salvador del mundo, oh Verbo encarnado, puedo sentir que Tú eres mío, y enteramente mío, si así lo quiero; pero ¿puedo decir, al mismo tiempo, que soy, como Tú quieres, enteramente Tuyo? Querido Señor, no permitas que se vea en este mundo tanta ingratitud como la de que Tú seas mío cuando yo quiera, y que yo no sea Tuyo cuando Tú lo desees. Oh, que nunca sea así. Si ha sido así hasta ahora, que no vuelva a suceder: Ahora me consagro a Ti con decisión; por el tiempo y por la Eternidad te dedico mi vida, mi voluntad, mis pensamientos, mis acciones y mis sufrimientos, Amado, soy todo Tuyo, y como víctima consagrada a Ti me separo de las criaturas, y te ofrezco todo mi ser: Consúmeme con las llamas de Tu divino amor, y ya no dejaré que las criaturas compartan mi corazón. Las pruebas que me has dado del amor que me profesabas, aun cuando no Te amaba, me hacen esperar que seguramente me aceptarás ahora que Te amo, y por amor me entrego a Ti. Padre eterno, te ofrezco hoy todas las virtudes, acciones y afectos, todo el Corazón amoroso de tu amado Jesús: acéptalos por mí, y por sus méritos, que son enteramente míos, ya que Él me los ha dado, concédeme las gracias que Jesús te pide por su nombre. Con estos méritos te doy gracias por las grandes misericordias que me has manifestado; con ellos satisfago la deuda que he contraído por mis pecados; por ellos espero de Ti todas las bendiciones, el perdón, la perseverancia, el Cielo, y sobre todo el mayor de los dones, el de un puro amor a Ti. Veo claramente que soy yo mismo quien constituye el principal obstáculo; pero Tú puedes remediar incluso esto, y Te suplico que lo hagas, en nombre de Jesucristo, que ha prometido que todo lo que pidamos en Su

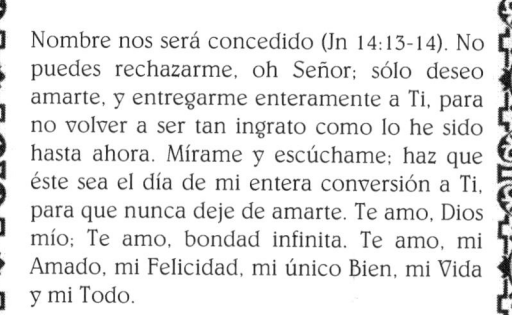

Nombre nos será concedido (Jn 14:13-14). No puedes rechazarme, oh Señor; sólo deseo amarte, y entregarme enteramente a Ti, para no volver a ser tan ingrato como lo he sido hasta ahora. Mírame y escúchame; haz que éste sea el día de mi entera conversión a Ti, para que nunca deje de amarte. Te amo, Dios mío; Te amo, bondad infinita. Te amo, mi Amado, mi Felicidad, mi único Bien, mi Vida y mi Todo.

**Jaculatoria.** *Jesús mío, que eres todo mío Tú me deseas y yo deseo poseerte.*

### Vigésima octava Visita a María.

¡Cuánto se aligeran mis miserias y cuánto me consuelo en mis aflicciones; qué fuerza encuentro en la tentación cuando me acuerdo de ti y te invoco en mi ayuda, mi dulcísima y santa Madre, María! ¿Podíais, oh santos, llamar a esta Señora siempre bendita "el puerto de las tempestades", "la sanadora de nuestras calamidades, la consoladora de los infelices", "el descanso de nuestros gemidos"? Oh María, ¡consuélame! Me veo lleno de pecados, y rodeado de miserias, sin fuerzas, y frío en mi amor hacia Dios: consuélame, consuélame, y que el consuelo sea para hacerme comenzar una vida nueva, una vida realmente agradable a tu Divino Hijo, y a ti.

**Jaculatoria.** *Cámbiame María, Madre mía, cámbiame del todo: tú puedes hacerlo.*

## Visita XXIX
*He aquí que yo estoy a la puerta y llamo (Ap 3:20)*

Oh Amantísimo Pastor, que, no contento con haber muerto una vez en Sacrificio en el Altar de la Cruz, has querido velarte en este Divino Sacramento sobre los altares de nuestras iglesias, para estar siempre dispuesto a llamar a la puerta de nuestros corazones y procurar la entrada: Ojalá supiera alegrarme de tenerte tan cerca de mí, como hizo la sagrada Esposa en los Cánticos cuando dijo: "Me senté bajo su sombra, a quien deseaba" (Cant 2:3). Si Te amara, si Te amara de verdad, mi amado y oculto Salvador, desearía no alejarme jamás, ni de día ni de noche, de los pies de Tu Sagrario, sino que permaneciendo allí en presencia de Tu Divina Majestad, velada en las especies sacramentales, experimentaría aquellas delicias celestiales, y ese gozo que las almas que Te aman encuentran cuando están delante de Ti. Atráeme con tu belleza y con el inmenso amor que nos muestras en este Sacramento: "Atráeme, correremos tras Ti al olor de tus ungüentos" (Cant 1:3). ¡Sí, mi amado Salvador, entonces dejaremos todas las criaturas y todos los placeres de la tierra, para volar hacia Ti en este augusto Sacramento, y crecer como plantas de olivo en torno a Tu mesa! ¡Oh! ¡Qué frutos de santas virtudes rinden a Dios esas almas felices, como nuevas plantas, cuando con amor asisten en torno al sagrado tabernáculo! Pero me avergüenzo de presentarme ante Ti, Jesús mío, tan desnudo y tan vacío de virtud; Tú has ordenado que nadie venga a honrarte en tu altar sin ofrecerte algún don: "No te presentarás vacío ante Mí" (Sal 127:3). ¿No debo presentarme nunca más ante Ti? No esto no sería agradable a Ti; pobre como soy, vendré, y Tú me suministrarás los dones que me pidas. Sé que Tú permaneces en este santísimo Sacramento, no sólo para recompensar a los que Te aman, sino también para enriquecer con Tus dones a las más pobres de Tus criaturas.

Comienza ya, te lo suplico. Te adoro, oh Rey de mi corazón, y verdadero Amante de la humanidad, oh Pastor, profundamente apegado a Tus ovejas; yo me acerco hoy al Trono de Tu amor, y no teniendo nada más que ofrecerte, Te doy mi miserable corazón, para que sea enteramente consagrado a Tu amor y servicio. Con este corazón puedo amarte, y te amaré tanto como pueda; atráelo entonces hacia Ti, y átalo enteramente a Tu

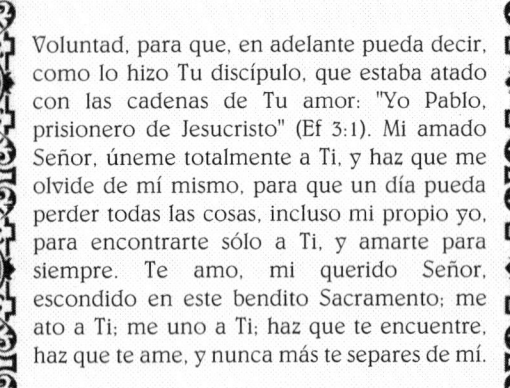

Voluntad, para que, en adelante pueda decir, como lo hizo Tu discípulo, que estaba atado con las cadenas de Tu amor: "Yo Pablo, prisionero de Jesucristo" (Ef 3:1). Mi amado Señor, úneme totalmente a Ti, y haz que me olvide de mí mismo, para que un día pueda perder todas las cosas, incluso mi propio yo, para encontrarte sólo a Ti, y amarte para siempre. Te amo, mi querido Señor, escondido en este bendito Sacramento; me ato a Ti; me uno a Ti; haz que te encuentre, haz que te ame, y nunca más te separes de mí.

**Jaculatoria.** *Jesús mío, sólo Tú me bastas.*

### Vigésima novena Visita a María.

San Bernardo llama a María "el camino real del Salvador", el camino seguro para encontrar a nuestro Redentor y nuestra salvación. Si es verdad, oh santa Reina, que eres, como dice el mismo Santo, "el medio por el cual nuestras almas son llevadas a Dios", no pienses, oh bendita Señora, que puedo ir a Él a menos que me lleves en tus brazos. Llévame, llévame, y si me resisto, llévame por la fuerza; constriñe mi alma cuanto puedas con los dulces encantos de tu caridad, y obliga a mi voluntad rebelde a dejar todas las criaturas, para buscar sólo a Dios y su divina voluntad.

Que todo el Cielo vea cuán poderosa eres; añade este milagro de tu misericordia a tantos otros, atrayendo enteramente hacia Dios a quien estaba tan lejos de Él.

**Jaculatoria.** *Oh María, tú puedes hacerme santo, y de ti lo espero.*

## Visita XXX
*¿Por qué escondes tu rostro? (Job 13:24)*

Job se asustó al ver que Dios ocultaba su rostro; pero la idea de que Jesucristo oculta su majestad en el santísimo Sacramento no debe causarnos temor, sino más bien confianza y amor, pues es con el propósito de aumentar nuestra confianza, y para mostrar su amor más claramente, que se vela en nuestros altares bajo las especies sacramentales. "Mientras Dios oculta su rostro en este sacramento, revela su amor", dice Novarino. ¿Quién podría atreverse a acercarse confiadamente a Él, y revelarle todo afecto y deseo, si este Rey del Cielo permitiera que el esplendor de Su Gloria apareciera en nuestros Altares?

Jesús mío, ¡qué amorosa idea es la del adorable Sacramento, en el que Te escondes bajo la apariencia del Pan, para que seas amado y encontrado en la tierra por aquellos que Te desean! El Profeta tenía razón al exhortar a todos los hombres a hablar, y proclamar por todo el mundo, para que todos conozcan, las obras del amor que nuestro buen Dios nos tiene. "Haz que Sus obras sean conocidas entre los pueblos" (Is 12:4). Oh Corazón amantísimo de mi Jesús, digno de poseer los corazones de todas las criaturas; Corazón siempre lleno de las más puras llamas de amor; Fuego consumidor, consúmeme enteramente, y dame una nueva vida de amor y de gracia. Úneme de tal modo a Ti, que nunca más me separe de Ti. Oh Corazón abierto para ser refugio de las almas, recíbeme; Corazón que tanto te afligiste en la Cruz por los pecados del mundo, ¡dame un verdadero dolor por mis pecados! Sé que en este Divino Sacramento conservas el mismo amor que me tenías cuando expiraste en el Calvario, y por eso deseas fervientemente unirme todo a Ti. ¿Es posible que me resista a entregarme enteramente a Ti y a Tu Voluntad? Mi amado Jesús, por Tus Méritos hiéreme, átame, oblígame y úneme enteramente a Tu sagrado Corazón: por Tu gracia resuelvo ahora complacerte, hasta el máximo de mis fuerzas, pisoteando todo respeto humano, toda inclinación, toda aversión, todos los gustos y conveniencias que puedan impedirme satisfacerte plenamente. Permíteme, oh Señor, hacer esto, para que en adelante todas mis acciones, todos mis sentimientos y afectos, sean perfectamente conformes a Tu Voluntad. Oh Amor de Dios, aleja de mi corazón todo otro amor; María, Esperanza mía, que todo lo puedes con Dios, alcánzame la gracia de ser, hasta la muerte, el fiel servidor de su puro amor. Amén, Amén; esto espero, y que así sea, en el tiempo y en la Eternidad.

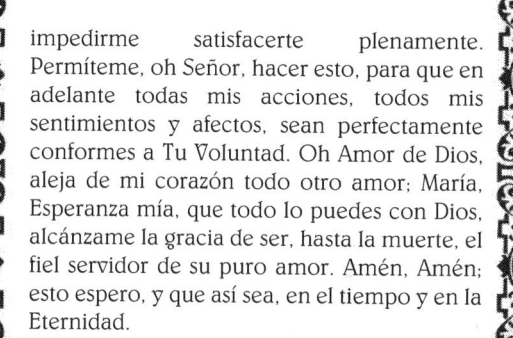

**Jaculatoria.** *¿Quién me separará del amor de Cristo?*

### Trigésima Visita a María.

San Bernardo declara que la caridad de María hacia nosotros no puede ser mayor ni más poderosa de lo que es, y que siempre nos compadece abundantemente con su amor, y nos ayuda con su poder: "Poderosísima y misericordiosísima es la caridad de la Madre de Dios, y abunda en afectos para compadecernos y ayudarnos; es igualmente rica en ambas cosas". Así, oh purísima Reina, tú eres rica en poder y rica en misericordia; tú puedes salvar a todos, y deseas hacerlo: Te imploro, pues, con las palabras del devoto Blosio: "Señora, protégeme en la lucha y fortaléceme cuando flaquee". Oh santísima María, ayúdame constantemente en la gran batalla que estoy librando contra el infierno, y cuando veas que me tambaleo y estoy a punto de caer, oh mi amada Señora, tiéndeme entonces tu mano más rápidamente y apóyame con más firmeza. ¡Cuántas tentaciones he de vencer antes de mi muerte! María, Esperanza mía, Refugio mío, Fortaleza mía, no me dejes perder nunca la gracia de Dios, pues me propongo volar siempre presto hacia ti en toda tentación, diciendo: *¡Ayúdame, María, María, ayúdame!*

## Visita XXXI
*Si conocieras el Don de Dios (Jn 4:10)*

Qué agradable debió ser contemplar a nuestro querido Redentor el día en que, cansado del camino, se sentó, lleno de dulzura y amor, junto a la fuente, esperando la llegada de la mujer samaritana para convertirla y salvarla: Jesús, pues, cansado del camino, se sentó así junto al pozo. Con igual dulzura permanece ahora con nosotros en todo momento, habiendo bajado del Cielo a nuestros Altares, como a tantas fuentes de gracia, esperándonos e invitándonos a visitarle, al menos por un breve tiempo, para atraernos así a su perfecto amor. Jesús parece hablar desde cada Altar en el que está presente bajo las especies Sacramentales, y decirnos a todos: "¿Por qué, oh hombres, huís de Mi Presencia? ¿Por qué no venís a Mí y os acercáis a Mí, que tanto os amo y por vosotros estoy aquí humillado? ¿Qué teméis? No he venido ahora a la tierra para juzgar a la humanidad; Me he velado en este Sacramento de amor sólo para hacer el bien y salvar a todo el que recurra a Mí. No he venido a juzgar al mundo, sino a salvarlo".

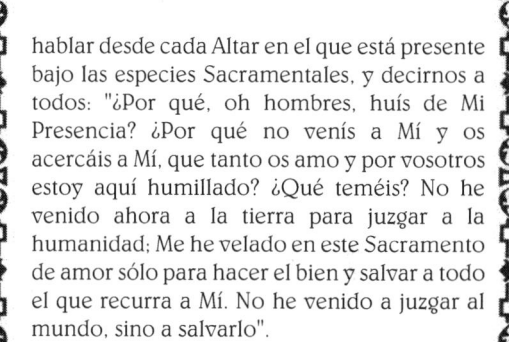

Con esto vemos que así como Jesucristo está siempre en el Cielo, siempre vivo y rogando por nosotros, así está constantemente, día y noche, en el bendito Sacramento del Altar, como Abogado, ofreciéndose como Víctima a su Eterno Padre, para obtener de Él innumerables misericordias y gracias. De ahí que el devoto Kempis diga que debemos acercarnos a Jesús en el santísimo Sacramento, y hablarle sin temor al castigo, y sin restricciones, "como quien ama a su amado, como un amigo a su amigo".

Mi oculto Rey y Señor, ya que me has dado este privilegio, permíteme ahora abrirte mi corazón con confianza, y decirte: Oh Jesús mío, que tanto amas a las almas, sé demasiado bien cuánto Te ofenden los hombres; Tú los amas, y Tú no eres amado; Tú haces el bien, y

Tú recibes insultos; Tú quieres que oigan Tu Voz, y ellos no Te escuchan; Tú les ofreces Tus gracias, y ellos las rechazan. Jesús mío, en verdad hubo un tiempo en que yo también me uní a estos ingratos miserables ofendiéndote así: ¡ay, Dios mío, es demasiado cierto! Pero me corregiré, y enmendaré, en los días de vida que aún me queden, el disgusto que te he causado, haciendo en adelante cuanto esté en mi mano para agradarte. Dime, Señor, lo que quieres de mí; lo haré todo sin reserva: házmelo saber por medio de la santa obediencia, y confío en que lo cumpliré. Dios mío, estoy firmemente resuelto a no omitir en el futuro nada de lo que sé que te agrada, aunque me cueste todo lo que tengo, relaciones, amigos, reputación, salud o la vida misma: Perderlo todo, y así complacerte, es una pérdida muy feliz, cuando todo se pierde y se sacrifica para complacer a Tu Corazón, ¡oh Dios de mi alma! Te amo, oh soberano Bien, que mereces ser amado por encima de todos los bienes; y al amarte, uno mi corazón imperfecto al de todos los Serafines; lo uno al de María y al del mismo Jesús. Te amo con todo mi ser, y te amaré sólo a Ti, siempre te amaré sólo a Ti.

**Jaculatoria.** *Dios mío, Dios mío, yo soy Tuyo, y Tú eres mío.*

### Trigésima primera Visita a María.

El Beato Amadeo dice que María, nuestra Reina Santísima, está siempre en la Presencia Divina como nuestra Abogada, ofreciendo por nosotros sus oraciones que son todopoderosas ante Dios. "La Santísima Virgen está ante el Rostro del Creador, interponiendo siempre por nosotros su poderosísima intercesión. Porque", añade, "viendo nuestra miseria y nuestros peligros, esta Señora misericordiosa se compadece de nosotros y nos ayuda con amor de Madre: porque ve nuestros peligros, y esta Señora misericordiosa y dulce se compadece de nosotros con afecto maternal". Pues tú, mi Abogada y amantísima Madre, ves ahora las miserias de mi alma, ves también mis peligros, y ruegas por mí: ruega por mí, ¡oh! ruega por mí, y no ceses de rogar hasta que me veas a salvo, y dándote gracias en el Cielo. Tú, después de tu Hijo unigénito, eres la salvación segura de los fieles. El devoto Blosio me dice que tú, oh dulcísima María, eres, después de Jesús, la segura salvación de los que te sirven fielmente: concédeme, pues, el favor que ahora te pido; permíteme alegrarme de ser tu fiel servidor hasta la muerte, para que después de la muerte pueda bendecirte en el Cielo, seguro de no ser nunca más alejado de tus sagrados pies mientras Dios sea Dios.

**Jaculatoria.** *Oh María, Madre,*
*¡hazme siempre tuyo!*

✠

Dios mío, mi único Bien, Tú eres mío;
Te doy mi corazón y todo mi ser:
Nada quiero de Ti sino a Ti mismo.

¿Qué tengo yo en el Cielo,
y, además de a Ti, qué deseo en la tierra?...

Tú eres el Dios de mi corazón,
y el Dios que es mi porción para siempre.
Amén.